高校教育管理体系构建 与创新探索

王 玮 吴 伟◎著

中国商务出版社

·北京·

图书在版编目（CIP）数据

高校教育管理体系构建与创新探索 / 王玮，吴伟著 .
北京：中国商务出版社，2025.1. -- ISBN 978-7-5103-
5587-5

Ⅰ. G649.2

中国国家版本馆 CIP 数据核字第 2025DH8829 号

高校教育管理体系构建与创新探索

王　玮　吴　伟　著

出版发行：中国商务出版社有限公司

地　　址：北京市东城区安定门外大街东后巷 28 号　　邮　　编：100710

网　　址：http://www.cctpress.com

联系电话：010—64515150（发行部）　010—64212247（总编室）
　　　　　010—64515164（事业部）　010—64248236（印制部）

责任编辑：丁海春

排　　版：北京盛世达儒文化传媒有限公司

印　　刷：宝蕾元仁浩（天津）印刷有限公司

开　　本：710 毫米 ×1000 毫米　　1/16

印　　张：13.25　　　　　　　　　　　　字　　数：215 千字

版　　次：2025 年 1 月第 1 版　　　　　　印　　次：2025 年 1 月第 1 次印刷

书　　号：ISBN 978-7-5103-5587-5

定　　价：79.00 元

前言

随着我国高等教育的快速发展，高校管理研究已经成为国内外高等教育领域研究的热点问题之一。高等教育教学及其管理工作的逐步深化，使高校教育教学管理工作无论是在思想观念上，还是在管理方式、方法上都正在经历巨大的变革。

高校教育管理是指对高校教育资源的合理配置、高校教育过程的组织与实施、高校教育质量的监控与提升等方面的研究与应用。高校教育管理是高等教育领域中至关重要的一环，其直接关系到高校的教学质量、学生发展和学校的整体发展。随着社会的不断进步和高等教育的快速发展，高校教育管理也面临着新的挑战和机遇。如何有效地管理高校教育、提高教学质量和学生发展水平，已成为高校管理者和教育研究者共同关注的问题。

本书以高校教育管理体制的相关理论为基础，首先，阐述了高校教育管理的内涵、功能和原则；其次，探究了高校教育在教学管理、行政管理以及文化管理方面的构建路径；最后，对高校大学生教育管理的创新策略、高校师资队伍建设与管理模式创新以及高校教育管理体制改革路径进行了详细探讨，全书强调了深化高校教育管理体制与创新的重要性，探索了高校教学创新的多种路径，以期高校教育管理体制与教学创新科学化、规范化。本书可供相关领域教师、研究人员、学生参考，也值得对此领域感兴趣的读者阅读。

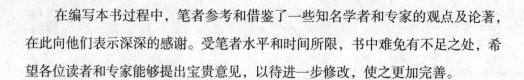
在编写本书过程中，笔者参考和借鉴了一些知名学者和专家的观点及论著，在此向他们表示深深的感谢。受笔者水平和时间所限，书中难免有不足之处，希望各位读者和专家能够提出宝贵意见，以待进一步修改，使之更加完善。

作　者

2024 年 8 月

目录

CONTENTS

第一章

高校教育管理的基本理论

第一节　高校教育管理的内涵

教育管理是高校发展的核心，它不仅是维护教育秩序、实现人才培养目标、提升教学质量的基础，更是高校发展的支柱。教育管理团队肩负着推动教育改革、促进教育创新的重任，为高校发展作出了巨大贡献。为了达到最佳的教学管理效果，高校必须建立一个结构合理、团队凝聚力强、服务意识深厚、创新精神旺盛的专业化、职业化的管理团队。高素质的教育管理团队是有效提高高校教育教学质量、突出培养优势和管理特色、促进高校未来可持续发展的重要人力保障。

一、管理的内涵

管理是一种有效的组织行为，它旨在通过计划、组织、领导和控制来实现相应的目标。它是指人们根据社会发展的客观规律和历史条件，有意识地调整社会系统内外的关系和资源，以达到预期的目标。管理的含义包括以下三个方面。

第一，管理是一种有意识、有目的的行为，旨在帮助组织达成其目标。它不仅是组织发展的必要条件，更是组织发展的基础。管理不仅是一种行为，还是一种活动，它需要组织的活动来支持和促进，以达到组织的发展目标。因此，管理必须与组织的活动紧密结合，以确保组织活动的顺利进行。

第二，管理活动是一项复杂而又具有挑战性的任务，它需要综合利用组织内部的资源，包括计划、组织、控制等，以实现组织的目标，并最终达成预期的结果。这也是管理的核心职责。

第三，管理是一种社会活动，应该遵循一定的规则，但是管理并不是孤立存在的，管理工作必须在特定的环境条件下进行。因此，有效的管理必须充分考虑组织所处的特定环境，以确保活动的顺利进行。

一般管理理论最早诞生在法国。当泰勒（Tyler）及其追随者正在美国研究和倡导生产作业现场的科学管理原理和方法的时候，大西洋彼岸的法国诞生了组织管理的理论，被后人称为"一般管理理论"或者"组织管理理论"。与泰勒主要研究基层作业的管理理论不同的是，一般管理理论是站在高层管理者的角度研究组织管理问题，在此基础上，现代管理理论的研究发展很快，形成了许多管理的经典理论和体系。根据研究对象的不同，管理可分为广义的管理和狭义的管理。广义的管理是针对大自然中万事万物的管理；狭义的管理只是针对某项具体活动，以及这些活动中的资源所进行的计划、组织、领导、控制。人们研究的管理通常是狭义的管理，即组织管理、行为管理、活动管理。活动的结果实际上是人的能动性的结果，管理的实质是人，是管理者与被管理者之间矛盾的解决。因此，管理就是管理者、被管理者、事项三方形成的特定的活动。

对于管理的分类体现在三个方面：一是从活动的规模上，可以分为宏观管理和微观管理；二是从具体的活动内容上，可以分为综合管理和专项管理；三是从管理的形式上，又可以分为紧密管理和松散管理。当然，这些区分也只是相对的。

二、管理的基本理论

管理理论有很多，随着现代社会的发展、人们认知水平的不断提高、社会活动的不断丰富，管理理论也在创新和发展。系统管理理论、人本管理理论、目标管理理论、标准化管理理论、组织管理理论、模糊管理理论、混合管理理论等只是众多管理理论的一部分，它们既是管理的理论，又是管理的思想和方法。

（一）系统管理理论

根据系统管理理论，管理的主要职责在于通过协调不同的子系统和组成部

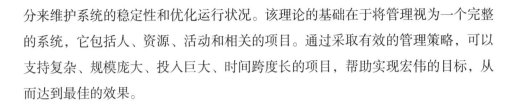

分来维护系统的稳定性和优化运行状况。该理论的基础在于将管理视为一个完整的系统，它包括人、资源、活动和相关的项目。通过采取有效的管理策略，可以支持复杂、规模庞大、投入巨大、时间跨度长的项目，帮助实现宏伟的目标，从而达到最佳的效果。

（二）人本管理理论

人本管理理论强调以人为本，但实际上，这种管理方式往往会出现偏差。有效的人本管理需要在尊重人权的基础上，合理分配利益，并充分发挥人的潜能，以达到最佳效果。管理的目的是发掘人的潜能，这些潜能不仅是个人的，还是组织的。管理者的潜能是工作积极性和工作效率，而被管理者的潜能则是他们的思想和行动的体现。只有将二者结合起来，才能达到最佳的管理效果。

人本管理理论虽然是一个相对较早的管理理论，但是在实践中的成熟运用并不是很多。究其原因，传统的、单纯的人本管理理论十分强调管理的"人"的素质，可以说，低素质的人是绝对运用不好人本管理理论的，一个管不好自己的人同样也管不好别人，更不用说有效地运用人本管理理论了。不过，现代的人本管理理论加入了一些新的元素，即在人本管理的基础上加入制度管理，形成一种新的人本管理理论，可以说是现代人本管理理论的发展。

（三）目标管理理论

目标管理理论是一种强调利益最大化的管理模式，它建立在价值理论的基础之上，旨在通过有效的管理手段来提高企业的绩效，从而最大化经济效益。目标管理理论要预先设置一个价值目标，然后以这种价值目标的实现为核心而展开管理活动。对价值目标的认同是目标管理的前提。目标管理理论强调组织目标的制定要得到所有组织成员的认同，没有认同感的组织目标是不切实际、难以达成的。有人说目标管理只注重结果，这是错误的。最新的目标管理理论不仅注重管理活动的一头一尾，除了最先确定价值目标、最终对完成价值目标的检验，还对过程实施严格监督，让目标按既定的方向完成。目标管理的目的不是既成事实，而是要让管理者与被管理者通过共同努力，一步一步向既定目标靠近。实现以价值目标为中心的目标管理活动是一种刚性的量化管理，因此执行也是刚性的。目标管理理论除了注重价值目标，在具体的应用中还要注意公平问题，这是由目标管理理论的刚性所决定的。

（四）标准化管理理论

标准化管理理论是在专业化管理的基础上，由管理者组织专家制定的管理标准，并通过一定的法律程序予以确定。这种管理的思想十分明确，最朴素的道理就是"没有规矩不成方圆"。标准化管理虽然是组织和专家行为，但标准并不是武断的，而是既要有权威性，又要有社会基础和群众基础，是通过科学的过程制定的。在这个过程中有两个十分重要的环节，一个是标准的制定，另一个是标准的执行。其中，标准的执行是标准化管理的核心，有时候也是成功的关键。在管理活动中，有了标准不好好执行，或者执行起来走样，都必将导致标准化管理的全面失败。当然，这不是标准化管理本身的问题，而是实施标准化管理过程中的实践问题。

（五）组织管理理论

组织管理理论的核心思想是建立一个有效的管理架构，以确保各级组织的有效运作，并且通过明确的领导者、授权和执行来实现这一目标。其中，最重要的一环就是对组织结构的合理安排，以及对组织职能的有效授权。组织管理理论要有严密的组织结构，以及明确的组织目标和组织功能，同时还要有一套有效的组织运作机制。否则，再科学的理论、再完善的组织功能，没有好的运作机制都不可能活起来，组织管理活动也不可能有效地展开。

（六）模糊管理理论

模糊管理理论是一种具有重要意义的现代管理理念，它以模糊数学的原理和技术来指导管理，旨在帮助企业更好地管理、控制、协调各种资源，以及提升企业的效率。相比传统的管理，模糊管理更加灵活，可以更好地满足企业的需求，从而更好地提升企业的整体效率。

（七）混合管理理论

实际上，在组织活动中，特别是比较大的组织活动中，常用的是混合管理

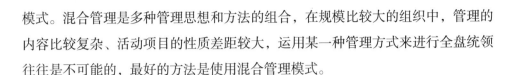

模式。混合管理是多种管理思想和方法的组合，在规模比较大的组织中，管理的内容比较复杂、活动项目的性质差距较大，运用某一种管理方式来进行全盘统领往往是不可能的，最好的方法是使用混合管理模式。

三、高校教育管理的依据、任务和目的

高校教育管理是根据高校教育的目的和发展规律，调配高校教育资源，调节高校教育系统内外的各种关系，进行计划、组织、领导和控制，以达到既定的教育目标的过程。

从教育管理的层面来讲，高校教育是中等教育基础之上的教育，因此它是指高校教育这一层面上的管理。

从管理的分类来讲，高校教育管理可以分为宏观高校教育管理和微观高校教育管理。从管理的内容来讲，高校教育管理可以分为战略规划管理、宏观调控管理和教育活动管理。

（一）高校教育管理的依据

高校教育管理的概念指明了高校教育管理活动的依据是高校教育的目的和发展规律。高校教育的目的是为社会提供各级各类高级专门人才。各级各类高级专门人才的教育指在类别上是普通高校教育、成人高校教育；在性质上是公办高校教育、民办高校教育；在层次上是专科教育、本科教育、研究生教育。这些教育的目的和目标是管理的根本依据。高校教育影响学生的身心发展，其通过德育、智育、体育、美育等过程，培养全面发展的人。只有把人作为社会关系的总和来看待，才能对人的发展有全面的理解。因此，各级各类教育过程都有其自身的客观规律，只有正确认识它们的客观规律，才能实施科学的管理。高校教育必须受到一定社会经济、政治、文化的制约，并为一定的经济、政治、文化发展服务。因此，生产力和科学技术的发展水平，以及社会的制度、文化传统都对高校教育活动产生制约。无论是国家宏观的高校教育发展政策的制定，还是高校培养人的过程，都必须遵循高校教育的目的和高校教育发展的客观规律，这也是高校教育管理的出发点。

（二）高校教育管理的任务

高校教育管理的概念指出了高校教育管理的任务，就是要有意识地调节高校教育系统内外的各种关系和高校教育资源，以适应高校教育发展的客观规律。从一个国家或者地区来讲，高校教育系统是国家或者地区社会系统中的一个子系统；从高校教育组织系统来讲，高校也是一个子系统。系统中存在多种矛盾，因此，高校教育管理的任务就是协调并最终解决系统中存在的矛盾。在高校教育管理中，应当运用系统论的思维，建立起学校教育的整体框架，以及各部分、要素之间，外部环境与内部子系统之间的关联，以实现整体优化，并通过有效的管理手段来提升教育质量。

（三）高校教育管理的目的

高校教育管理的概念还指明了高校教育管理的目的是不断促进高校教育系统目标的实现。在高校教育系统中，培养人是根本目的，高校教育系统的一切工作（包括管理工作）都必须围绕这一目的展开。高校教育管理是对高校教育系统中各种关系和资源的协调，通过有效管理，确保高校教育目的的实现。高校教育管理有其自身的需要和目的，提高效率就是管理的目的之一。

综上所述，高校教育管理依据的是国家的教育方针、组织的发展目标、高校教育的基本规律，以及社会政治、经济、文化的发展背景与环境，通过立法、行政、经济、市场等手段进行协调和控制，保障高校教育人才培养质量、推动科学文化知识创新、促进社会进步等目标的实现，最终实现高校教育的可持续发展。

第二节　高校教育管理功能

高等教育管理的功能是指通过管理，在高等教育活动中所产生的有效的作用。我们研究高等教育管理在整个高等教育的活动中具有什么样的功能，其实质是想从它的作用与自身利益价值视角来认识高等教育管理的意义，通过有效的管理，使管理中的要素运用到最佳状态、各项管理活动尽量达到理想目标。管理的内容是通过组织的目标来确定的，围绕组织目标的实施，投入所需要的人、财、物等资源，对组织的这些资源进行有效的运用，这种资源是有形的、物化的。管理是通过有效地规划和组织、协调和控制来进行的。一般来讲，管理就是指在一个集团组织内部确定了管理目标以后，围绕目标的实现展开的活动。所以，管理的内容就是规划、组织、协调和控制。除此之外，有人还提出管理就是计划和领导等。其实，计划就是规划中的范畴，领导就是组织的范畴，协调就是贯穿在组织和控制过程中的范畴。因此，在这里我们要强调的是，规划、组织、协调和控制四个词是动词，或者是动名词。

一、规划与组织功能

规划是指对事物未来的发展进行预期目标和工作计划的整体设计。规划功能，从宏观高等教育管理来讲，是指高等教育管理中的战略发展规划这一事物的有效作用；从微观高等教育管理来讲，是指高等学校的事业发展规划的功用。规划是管理活动中首要的任务。

这里的组织实际是指项目与活动的规划出台后，具体进行的组织实施。通过组织管理运作模式和运作机制，组织和调配相应的资源实施这一计划。组织实施是管理活动中的一种重要方式和方法。这里主要围绕高等教育中的规划问题展开讨论。

（一）高等教育规划的依据

在计划经济时代，高等教育规划就是指高等教育计划。中国的高等教育计划是 20 世纪 50 年代末 60 年代初，在世界经济大发展的背景下，受计划经济体制的影响逐步产生和发展起来的，随着市场经济体制的推进，作为影响高等教育系统发展的一种技术手段，高等教育计划通过对高等教育系统进行合理的分析，可以更好地满足个人和社会的需要，更有效地实现个人和社会的目标。因此，高等教育计划的产生和发展与社会经济、人口发展对高等教育的需求密切相关。

（1）社会对高等教育的需求。社会对高等教育的需求反映了社会政治、经济、文化等的发展对高等教育所提供的人才数量的多寡、质量的高低、规格和种类以及知识的创造、科学技术的更新等方面的要求。

（2）个人对高等教育的需求。从个人对高等教育的需求上看，这种需求受到很多因素的影响，尤其是经济水平的提高。研究表明，人们的教育需求与他们的收入水平是密切相关的，收入水平高的国家，高等教育阶段学龄人口的在学率也高，一定高经济收入的家庭对高等教育有很旺盛的需求。所以，高等教育的规模、层次、质量、水平等的需求是高等教育规划最基本的依据。在高等教育规划的背景中提到过个人需求与计划的关系，这里，我们更进一步地分析这种需求关系。个人对高等教育的需求主要反映了个人对高等教育发展提供的受教育机会、受教育的质量等方面的要求，这一要求是由人的职业需要、成就需要、真善美的需要决定的。

（二）宏观高等教育规划

宏观高等教育规划是国家及政府层面上的规划，我们可以称之为战略性的规划或指导性的规划。这一层次上的规划有许多，我们主要分析事业发展类的规划。

1. 提出《国家中长期教育改革和发展规划纲要（2010—2020 年》的指导思想

《国家中长期教育改革和发展规划纲要（2010—2020 年》提出要以国家高等教育发展的总方针和有关精神为指导思想，以国家教育事业发展的总规划为依据，贯彻科学发展观，加强统筹安排，控制高等学校设置的数量，提高高等学校设置的质量，调整和优化高等学校布局结构。

2. 设计《国家中长期教育改革和发展规划纲要（2010—2020 年》的内容

一是总结和分析前一个时期高等教育发展的整体情况。高等教育的需求与目标完成情况；高等教育资源结构布局情况；高等教育改革情况；高等教育经费情况，特别是高等学校的经费保证和财力支持情况；高等教育办学条件；高等教育资源的现状，包括数量分析和结构分析。二是提出今后一段时期高等教育发展

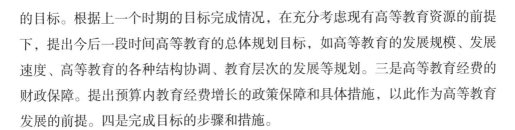

的目标。根据上一个时期的目标完成情况，在充分考虑现有高等教育资源的前提下，提出今后一段时间高等教育的总体规划目标，如高等教育的发展规模、发展速度、高等教育的各种结构协调、教育层次的发展等规划。三是高等教育经费的财政保障。提出预算内教育经费增长的政策保障和具体措施，以此作为高等教育发展的前提。四是完成目标的步骤和措施。

3. 编制规划的程序和方法

地方高等教育事业发展规划相对于国家层面上的规划有些不同，但总的架构没有大的差异。一般来讲，地方政府的高等教育事业发展规划应根据国家的有关精神和要求进行编制。

（三）高等学校事业发展规划

管理就是规划、组织、协调、控制，规划是管理的第一步，走好规划这一步关系到高等教育活动的方向、目标是否清楚，发展思路是否清晰，工作要求是否明确，是否符合客观实际，措施是否合理得当，规划是否便于实施等。高等学校的规划属于微观高等教育管理的范畴，是微观高等教育规划。

（四）规划功能分析

既然规划功能是指规划的效用，规划的实质内容则主要表现在两个方面：一是规划中目标的科学性；二是为达到目标所制定的工作方案的可行性。规划是一种预期设计，结果也是预期的，实际上，真正的效用要通过结果来检验，我们讲的规划中目标的科学性和方案的可行性，只是一种基于过去经验的思想要求。目标的科学性主要指目标是通过一定的科学程序确定的，是通过各个层面以及专家系统的作用来实现的，是经过了科学的研究与论证的。方案的可行性也是指完成目标的工作步骤和措施是否客观、方案的设计是否考虑到了各工作要素和客观环境条件、是否与这些因素有较大的冲突等。纵观一些高等教育事业的发展历史，我们感觉现在编制规划越来越讲求实效，目标的确定越来越清晰，基本上都是用定量与定性的指标反映的，可定量可定性的时候一般是定量反映。而在这些定量描述的背后，都有许多人的努力。

二、控制与协调功能

（一）高等教育目标控制

1. 高等教育目标控制的必要性

高等教育目标的实现程度是衡量高等教育管理效能的重要基准，也是高等教育控制的主要依据。高等教育目标又是相对于一定社会对高等教育的需求而言的，是预设的推动预期高等教育目的实现的导向和标准，因此具有预见性特征。随着时间的推移，高等教育活动主、客观条件的变化，不论是宏观高等教育管理还是微观高等教育管理，都必然要对高等教育目标适时进行控制和校正。

同时，高等教育目标又带有目标制定者对教育价值判断的印记（如对普通教育或学生个性应达到的结果的不同认识），而现实的教育目标的实行通常并不完全按照教育理论家或政治家们的设想去进行。对于高等教育目标操作中出现的现实与理想之间的偏差自然也需要控制。

各教学和行政管理部门在贯彻和实施高等教育战略目标以及和办学目的有关的计划、程序时，通常需要制定详尽的子目标，各子目标是相互关联的。因此，它们之间的协调是重要的，也是困难的。人们通常会因各自不同的目的或利益而发生矛盾，甚至冲突，尤其是在功利性色彩较为浓重的组织活动中，对各自目标的追求和竞争在很大程度上代替了对总目标的无条件服从。对于子目标执行过程中出现的种种偏离总目标的行为，需要有一定的制度和措施进行调控。

从历史上看，高等教育的发展必须解决数量扩张与质量提高之间的矛盾。对数量目标或质量目标的侧重通常是带有功利性目的，如服从于一定的政治目的（如教育机会均等），要以数量发展为保证；从维护高等教育自身的学术地位来看，似乎应首先考虑质量目标。然而，数量的扩张并非没有限制。一方面，数量的过度扩张必然带来教育资源分配的紧张（尽管适当的数量规模有助于管理效益的提高）；另一方面，数量的增长也可能损及局部的质量。对于高等教育质量控制，除了数量因素，系统内部已有的制度、管理人员的素质、师生之间的互动、学生的成绩、毕业生的受欢迎程度等都是重要内容。在此，我们拟从高等教育数

量控制和质量控制两方面简单探讨高等教育目标控制问题。

2. 高等教育数量目标控制

在对高等教育数量目标进行控制的过程中，有必要分清政府主管部门与学校的不同职能、权利及义务。

政府宏观调控职能，应包括几方面：向学校及时、准确发布人才需求信息（包括数量、层次、规格、专业、学科、地区需求等）；制定长远发展规划，对学校进行总体指导；依据学校的办学条件，合理核定招生规模；制定扶植学校发展的方针、政策和措施，使学校的发展不过分地受市场的影响，保持学校发展的相对稳定性；对学校进行定期评估，并把评估结果作为学校改善办学条件、决定能否享有或继续享有一定程度招生计划自主调节权的重要依据。

学校方面若要实行招生计划自主调节的职能，则应具备一定条件。第一，研究、制定学校发展的中、长期发展方向、目标和总体规模，并经主管部门核定。第二，对学校的教学质量、科研水平、产业发展、学校管理、办学条件等承担相应的责任。第三，在政府宏观指导下，学校逐步建立自我发展、自我约束和自我调节的机制。

3. 高等教育质量目标控制

（1）高等教育的质量标准。将高等教育目标分解为数量目标和质量目标，是从高等教育增长方式角度来划分的。高等教育目标还可以从高等教育功能的角度来考察。如随着社会的进步，高等教育活动正呈现多元性：保存和传递人类已有的文明成果，培养和提高公民的素质；探求未知领域，发展科学技术和文化；满足社会对人才开发及科技开发、应用等方面的要求；大学直接参与社会经济建设，服务于社区和国家建设等。这些活动同时也构成了高等教育的目标体系。

由于现代高等教育具有多方面的目标与功能，衡量高等教育质量的标准也不是单一的。学术标准是其中十分重要的一条，但绝非唯一，还有一个高等教育的适切性问题，即是否适应社会发展的需要、是否切合受教育者身心发展及其就业就职的需要等。一般而言，高等教育系统内部通常倾向于强调教学、科研的学术标准，强调学科、专业的内在逻辑和科学性，而社会（包括用人单位、学生、学生家长等）更多地关注高等教育活动对现实的适切性、实用性。如学校课程设置、教学内容是否有利于日后就业；在缴费上学的条件下，入学的投入能否保证更大的回报；高校的科研活动能否向企业提供新产品、新工艺，从而给企业带来可观的经济效益。在理想状态下，高等教育质量应兼顾学术、社会需求、受教育者意愿和能力等多方面因素。在对高校的质量评估标准中，专家们也力图全面反映这些因素。一份名为《美国南部11州高校资格评估指标体系》的报告，就列举了评估学生教育成果应包含的内容。截至目前，对于高等教育的质量标准没有统一的观点，宏观的质量标准一般反映在适应度上，主要是指高等教育与社会经济发展的适应度。科学技术与科学文化知识创新水平、培养的人力资源的数量与质量是高等教育适应度的主要内容。高等教育组织办学的质量标准正在探索和完善，特别是综合考察学校办学的质量、水平、效益等，已经逐步成为高等教育质量标准的主要内容。目前我国评价大学质量标准方面的研究虽有些进展，但主要是在教学与学术方面，还不完全是学校的整体质量。教育部关于本科教学工作水平评估的指标体系比较清楚地反映了教学质量标准的情况。

（2）高等教育质量控制手段包括以下三个方面。

①前馈控制。前馈控制主要是指对高等教育质量设置的过程、高等教育质量运行的方案进行控制，尽量避免将要出现的问题。

②过程控制。过程控制主要关注高等教育质量活动过程与高等教育目标的契合程度。在高等教育运行中，可以设置一些中期评价，以对出现的问题做出诊断及调整，使运行过程不至于偏离目标太远，最大限度地保证高等教育质量。

③反馈控制。反馈控制绝不是活动全部结束了，利用活动的结果进行信息反馈来加以控制，这是一个误解。反馈控制是在管理活动的过程中，对于某项活动的运行状况随时进行信息反馈和控制。当然，终结反馈也是必要的，终结反馈的结果只能是对下一个循环进行调控。要注意反馈信息通道的正常与多元，以避免错误反馈。通过建立专业性鉴定委员会等方式加强反馈信息的权威性，不应将事后的质量评估视作工作的最终情况，而应积极地为新一轮工作提供质量控制和改进建议。

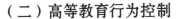

（二）高等教育行为控制

规范高等教育的行为是高等教育管理控制功能的首要任务。高等教育行为控制主要体现在两个方面，一是高等教育的政治方向，二是高等教育的行为规范。

1. 高等教育的政治方向

根据教育的国家性和民族性，一个国家的高等教育不可能完全没有政治性。

在阶级社会里，有些事关国家政治、军事、经济、文化安全的知识和技术是有国界的，这是不言而喻的。从国家的民族性和人才战略来讲，人力资本除了是个人的，还是国家的，因为中国的高等教育不完全是自费教育，有国家的投入。因此，为国家服务是每一个受教育者的责任。从这点出发，高等教育的政治方向问题就容易理解了，所以，国家对高等教育的政治方向的控制也就成为必然。

2. 高等教育行为规范

任何管理活动都是人的行为，不论是宏观管理还是微观管理，行为控制也许是管理活动中最复杂的课题。一则人的行为很难精确测量，因而很难判定它与目标究竟有多大的偏差，二则我们对人的行为规律的了解还很肤浅。十多年来，随着心理学和行为科学的发展，不少学者对行为控制问题做了探讨。另外，参与高等教育活动的人是由多个个体组成的人群，对于人群的行为规范就显得更为重要了。

高等教育组织行为的管理。从微观高等教育管理来看，高等教育领域的教学与科研活动属于高智力型。高校的教师和学生致力于知识的探索与传播，他们在实现高等教育目标的活动中，所做出的行为有别于其他社会组织。不过，普通的组织行为管理技术对于高等教育系统中的行为控制仍然是很有价值的。它立足于人的行为和环境的相互作用，试图通过对环境条件的控制实现对人的行为的控制，从而促使人的行为向预期的方向发展。根据强化满足条件后，得到的结果来改进行为工作，根据具体的人处理各种预期的结果，及时提供程序性的行为规范。在高等教育管理中，要帮助高等教育系统的成员形成良好的职业行为，就需要为他们创造条件，也需要在某些条件满足后才能得到的预期结果。比如，只有按照一名校长应做到的行为规范与行为要求来挑选校长，并为他完成校长职责创造各种条件，才有可能得到预期结果，使这位校长在工作中有良好的表现。

（三）高等教育的宏观调控

高等教育的控制不仅包括一些技术性的环节，其在发展过程中与制度性的宏观调控水平也有关。这种宏观调控对高等教育发展的影响通常更为深远。这里所指的宏观调控包括高等教育立法、高等教育政策等。

1. 高等教育立法

长期以来，中国高等教育管理与计划经济相适应，高等教育接受中央集中统一领导，法律的实际效用并不明显，所颁布的法规大多以"暂行条例""试行草案""讨论稿""纲领""通知""指示""会议纪要"等形式出现。这些法规缺乏法律应用的稳定性和科学性。高等教育法规的变化是高等教育平稳发展的又一大障碍，这体现在对管理制度、规定的措辞的变化上。同时，对措辞本身的解释通常也模棱两可、不够准确，自然也就缺乏可操作性。另外，从法规的内容看，也有失全面。表现在法规内容调整教育内部关系的多、调整教育与外部关系的少，规范学校的多、规范教育行政领导部门的少，法规的限制性条款多、保护性条款少，义务多、权利少，如很少明确学校的办学权、教师的教学权、学生的学习权。

2. 高等教育政策

市场经济条件下，高等教育也将受制于市场这只"无形的手"。高校以自己的办学特色多样、专业各异在对生源市场展开竞争；政府与高校之间通过科研成果的买卖关系，使后者从前者那里获取研究经费，促进学术水平的提高；学校通过对教师和行政人员的评聘，促进学校内部办学机制的改善，形成不同的学校类型、学科及教育层次。那么，在相关法律滞后时，政府的高等教育政策必须适时做出调整，以保证上述高等教育运作的顺利。实践表明，如何保持行政干预（以政策形式）和市场调节的平衡是一个重大而棘手的课题。对于习惯于计划经济思维模式的决策者来说，要真正掌握适应并驾驭市场的能力，还有很长一段路要走。尤其是在当前形势下，对高等教育本质的认识在不断深化，很多人习以为常的观念将受到形势发展的强劲挑战。高等教育政策理应更有前瞻性，而不是滞后于形势的发展。高等教育的决策过程必须科学化、规范化。政策的实施过程必须有强有力的制度保障和监督，否则，高等教育政策的宏观调控作用不但得不到发挥，反而有可能误导高等教育的发展，造成高等教育质量和效益的下降。

第三节　高校教育管理原则

一、高效性原则

高等教育管理的高效性原则是高等教育管理本质的直接体现和具体化，它要求以一定的高等教育资源投入培养和提供更多的合格高级专门人才和高水平的研究成果，或者说培养和提供一定数量的合格人才和研究成果，投入的高等教育资源越少，产出的数量与质量越高，表明高等教育管理的效率越高。

任何一种社会机构或组织的活动都需要进行效益管理、提高其工作效率。高效性原则揭示了高等教育管理的目标，这就是良好的办学效益，它包括经济效益和社会效益。办学效益的评判标准应该是高等教育所培养的人才和提供的研究成果对社会进步、经济发展、文化进步是否有促进作用，高等教育在实施过程中是否最大限度地利用了各种资源、减少了浪费。高等教育在总体发展规划、具体专业设置、人员聘用、经费使用等方面必须具备灵活性和自主性，这是保证办学效益得到提高的前提条件。

不过，虽然如其他领域一样，高等教育系统也关心管理的效益，但联系高等教育的组织特征（如总体目标的模糊性、利益联系机制的松散性等），在分析高等教育办学效益时，有两点需要注意：一是在一定的周期内，高等教育所花费的成本和实际获得的经济收益很难精确衡量；二是高等教育的社会效益无法用数字量化。通常能够计算出来的只有某些资源的利用情况，比如人员、经费、设备、时间、图书资料等的使用效率可以得到一个概算。人们越来越关注教育组织的效益，其在很大程度上取决于人力资源的质量和状况。人力资源计算是一门正在形成的技术，依靠这一技术，我们可以计算一个组织中人力资源的价值，并估计管理政策的影响。但教育管理活动的复杂性和多样性使现有的技术无法对一些无形的、间接的、综合的、迟效性的教育管理效益做出客观、精确的测定。这就使我们难以回答如何才能促进高等教育管理效益的提高，或者说有哪些因素影响着高等教育管理效益的提高的问题。

二、整体性原则

高等教育管理整体性原则既取决于高等教育系统的整体性，又受制于培养高级专门人才的高等教育目的。管理是一个为了达到同一目标而协调集体所做努力的过程。目标不但为管理指明了方向，而且是一种激励被管理者的力量。特别是当组织的目标充分体现组织成员的共同利益，并使之与每一个成员的个人目标结合在一起时，就会极大地激发组织成员的热情、献身精神和创造力。

在高等教育管理系统中，管理过程的各个环节以及各个方面都是围绕一个目标（培养人才和开展科学研究）而运转的。这个目标使高等教育的各项工作融为一个整体，高等教育就是要从这个整体出发，协调各环节和各方面的管理工作。系统的最大特点在于整体的功能大于各部分之和，这一系统原理为整体性原则提供了理论依据。系统的功能不仅体现在数量上，更重要的是体现在本质上。通常系统的整体功能相对于各组成部分的功能是一种质变。

实际的管理工作中，经常遇到局部与整体的矛盾。从某个局部来看虽然能获得一定的效益，但如果整体的损失超过局部的效益，我们总是强调局部服从整体的全局观点。研究表明，人需要有明确的目标才能调动潜在能力，也只有在达到明确目标后，才会产生成就感和满足感。用以维系管理整体性原则的目标只有具体化，并渗透于整个管理过程中，成为一种稳定的宗旨，才能真正发挥其统领全局的功效。目标管理的核心是把组织的目的、任务转化为目标，并将组织的总目标与各个部门、个人的目标融为一体，形成组织、部门、个人方向一致、明确具体、切实可行的目标体系。它强调以目标指导行动，以成就和贡献作为管理活动的重点，特别强调目标实现的整体性。

同其他系统一样，高等教育系统中没有任何人或组织可以单独地实现目标，而不需要同他人或组织的合作。没有基于管理目标的合作行为就没有管理的整体性，事实上，也就没有管理本身。高等教育系统中存在各种工作目标，这是社会与组织分工的产物，它们有赖于高等教育总体目标指导。在具有不同功能的组织中，整体性原则的体现方式是各不相同的。一般而言，在功利性为主的经济组织内强调竞争，在以强制性为主的军事组织内强调服从。

三、民主性原则

高等教育管理的民主性原则主要由高等教育管理的学术性决定。要办好一所高等学校，不发扬民主、不充分调动师生员工的积极性和创造性是不可能的，所以，高等教育和高等学校在进行重大决策时都必须发扬民主。高等教育领域人才荟萃，学术思想活跃。高等学校的教学和科研活动从其本质而言是学术性活动，而离开民主与自由，学术性活动便无法开展。由前面的论述可知，高等教育系统是一个充满利益和权力冲突的系统，决策的制定和实施通常是各种力量协商或妥协的结果，任何独裁式的教学都有可能损害高等教育的学术价值。民主的基础是对个人价值的承认，学校同其他社会组织（或机构）一样，要求一切受到决策影响的东西（法律、纪律、规章、决定、计划、标准等）都要反映出民主的精神和原则。

学校的民主主要体现在学校重大事件的决策中，每个人都有权发表自己的意见，领导和组织必须在听取全体师生意见的基础上，按照科学的程序作出决定。我国实行的是民主集中制，所以，在民主原则的运用中，国家、集体的利益始终是第一位的，应在此基础上正确处理好国家、集体、个人三者的关系。民主与公正是紧密联系的，在高等教育管理中，公正意味着建立严格透明的规章制度，人们享受公平的同时享受民主。公正要求把集体的共同规范与准则应用于个体，在这些共同规范与准则的实施中，要做到平等、正大光明，不允许营私舞弊，而且要受到民主的监督。民主性原则要求在高等教育管理中实现制定决策的民主化、执行决策的民主化、检查决策执行情况的民主化、评定决策执行结果的民主化。

制定决策的民主化。高等教育管理中，计划与决策工作要充分发扬民主精神，这种民主精神体现在让被管理者，更确切地说让决策的具体执行者民主地参与决策的过程。这样可以集思广益，提高决策的科学性，使之更切合实际。个人希望自己被吸收参与决策，个人必然要花费时间和精力参与决策，一些事情刚好是个人的"冷漠区"，如校长只在一些低层次问题上让教师参与，教师可能不会感兴趣。必须提高职工在有些涉及个人切身利益的所谓"敏感区"的参与程度，领导正好借此类活动的成功来提高自己的威信。有些问题虽与教师利益有关，但不足以让教师将它们作为个人问题给予特别的关心，即所谓的"矛盾心理区"。这时可有选择地（如组成代表小组）让教师参与。

执行决策的民主化。管理者要随时了解和掌握决策的执行情况，在此基础上调整和改进决策的执行方案和方法，以保证决策的顺利实行。在这一过程中，不论是了解执行情况还是调整、改进执行的方案和方法，都离不开民主的过程。管理者要尊重下属、虚心向他们求教，及时而合理地对方案与方法的执行进行调整和改进。

检查决策执行情况的民主化。检查决策执行情况时，管理者不能凭主观判断，而是要根据决策的目标、决策执行的实际情况，结合管理者的实践经验，实事求是地判断。在这一过程中，让决策执行者民主地参与检查工作是非常重要的。

评定决策执行结果的民主化。决策执行结果的评定不仅关系到对本决策的制定者和执行者工作的评价，而且关系到下一个决策的制定与执行。评定工作也要贯彻民主原则，以激发和强化决策者与执行者的工作热情，发挥和发展他们的创造性，最终实现高等教育管理效益的提高。

四、动态性原则

高等教育作为一种社会系统，与外部环境处于动态的相互作用之中。开放系统的一个特点是能够影响其内部子系统，以便对各种环境中的偶然事件做出反应。管理活动与管理对象、管理环境之间有着本质的、必然的联系。

根据对高等教育组织特征的分析，高等教育管理过程中要完成的任务、组织的结构、用来完成任务的技术和参与的人员都处于动态之中。这样，高等教育活动须按照管理的基本原理和原则来进行，保持管理的相对稳定和应有秩序。同时，高等教育管理的对象、内容、方式、手段等都在变化之中，因而要求灵活运用高等教育管理原则。

管理学中的权变理论为把普通的组织管理原则与各组织独特的、具体的情况联系起来提供了一条途径，有三个基本观点：一是学校的组织和管理不存在通用的方法；二是在一个特定的情景中，并不是所有的组织和管理的方法都是同样有效的，组织效率的结构设计或方式是否适合一定的情景；三是组织设计和管理方式的选择必须建立在对情景中的重大事件进行细致分析的基础上。权变理论要求从有效地实现组织目标的角度出发，灵活、动态地选择处理偶然事件的方法。如"民主型"领导和"专制型"领导哪一个更好呢？用权变的方法分析，要先弄清"好"意味着什么，"好"也是相对的。因为管理者的意图是最大限度地实现组织目标，"好"可能解释为"有效的"，这时候问题就变为哪一种领导类型对实现学校系统的目标可能作出更大的贡献，这就要权衡组织运作的动态性和有效性。

在动态性原则下，高等教育管理必然重视改革旧体制、旧办法。恩旺克沃在提出教育管理改革的原则时认为，教育中有无数的力量在要求变革，教育管理改革要在基本不破坏教育稳定性的前提下确定和实现各种必要的改革。但是，任何改革不可能绝对稳定，从这个意义上讲，稳定也是相对的。不过，各项必要的改革应符合几条标准，即改革必须切合实际，适应社会的需要；变革的顺利进行要求学校的目标、政策、计划、程序具有灵活性；变革应循序渐进，以保持组织和管理系统的稳定性。

五、导向性原则

高等教育管理的导向性原则主要是指通过管理手段引导所有的组织成员向着既定的目标努力。我们制定的方针政策、提出并采取的工作措施、营造的工作环境等都具有这种引导作用。

从政治导向的角度讲，高等教育管理导向性原则主要是根据高等教育管理的两重性规律提出来的。高等教育管理的自然属性使我国高等教育能按照对外开放政策，向国外学习先进的科技和管理，高等教育管理的社会属性则决定对各国的高等教育管理不能全部照搬，必然考虑不同的社会形态。一个国家的政治制度必然影响这个国家的高等教育，并且也必然反映在管理上。在阶级社会中，国家与国家之间的社会活动无不打上了阶级的烙印，高等教育活动从培养人的角度出发，国家的教育方针十分明确地规定，要培养国家及民族传承和发展的建设者和接班人。从这个意义上讲，它是形而上的，是上层建筑意识形态领域里的范畴，这是不可忽视和否定的。至于高等教育传播的知识、高等教育管理的具体方法，一般管理知识、技术、原则与方法层面上的东西，不是形而上的东西，不要把任何东西都政治化，这是我们要充分认识的。但是，也不能不重视，作为高等教育的宏观管理也好，微观管理也罢，对于一个国家、一个民族，育人的方向性应该放在首位，这是阶级社会的政治性决定的。

从管理工作导向来讲，主要是措施和条件导向，包括管理的手段、方法、环境等。组织成员在管理者的旗帜下，自觉或不自觉地努力工作，这里还存在利益导向、心理导向的问题。这是从不同的角度看导向、运用导向性原则的问题。

六、公平公正原则

公平公正原则是市场经济体制下高等教育管理活动的基础，是调动各方积极性，有效地完成高等教育任务，达到高等教育目标的前提。任何高等教育活动都是由人来完成的，公平公正是对人的教育心理活动的基本保证，否则，缺乏公平公正，设计再好的管理活动，也难以达到满意的效果，因为，它打击了人的积极性，阻碍了人的主观能动性发挥，影响了生产力。长期以来，许多管理者不太重视公平公正的原则，不注重管理活动中人的感受，把自己的意志强加给别人，利用权力来贯彻自己的意志，甚至打击了正义，鼓励了错误，最终导致管理失败。在管理的实践中不乏这样的例子，由于有失公平，使很好的管理活动和方案流于形式。

第二章

高校教育管理体系中的教学管理建设

第一节　高校教学内容管理

以颁布课程计划、课程标准和审定教科书的方式对学校教学内容进行管理，通过教学视导和教学评价的方式监督、考核、指导学校的教学工作，是教育行政部门的重要职能。教学内容管理包括课程编制、课程体制、教科书制度以及中小学课程的设置与安排等。

一、教学内容的定义

教学内容即课程。广义的课程指学校给学生传授的知识和技能、灌输的思想和观点、培养的习惯和行为的总和，包括学校各门学科和有目的、有计划、有组织的各种活动（教学计划），以及对内容、进程和时限的安排（教学大纲和教材）。狭义的课程指一门学科。从类型上，课程又可以分为学科课程、活动课程和潜在课程。课程编制指依据一定的课程理论，对学校课程进行的分析、选择、设计、实验、评价等的整体研究过程。

（一）课程编制的具体内容

课程编制主要涉及课程计划（教学计划）、课程标准（教学大纲）和教科书的编订三方面内容。其中，国家课程计划具有最高效力，是编订各科课程标准和各科教科书的依据，是学校课程的总体规划；课程标准是在国家课程计划的基础上制定出来的，是各级各类中小学教科书编制的直接依据；而教科书则是课程计划和课程标准的具体体现，是学校开展教学活动的基本材料。

1. 课程计划

课程计划（以往称教学计划）是学校课程的总体规划，形式上是国家关于学校教育教学内容的指令性或指导性计划，内容上是国家制定的学校教育教学标准，性质上是教育行政法规文件。课程计划主要包括培养目标、制订该计划的指导思想和原则、学科设置及要求、学科教学时数和开课顺序、学年编制、考核要求。

课程计划体现着国家对学校的统一要求和质量标准，在现阶段的课程体制下，它对各级教育行政部门和学校都具有法规性质。因此，课程计划的编制是一项影响教育全局的重要工作。

2. 课程标准

课程标准（也称教学大纲）是根据课程计划，以纲要形式编定的有关学科教学内容的指导性文件，具体规定学科知识的范围、深度及结构、教学进度、教学法等基本要求。课程标准分课程标准总纲和各科课程标准两部分，前者是一定阶段课程总体的纲领性文件，规定着各级学校的课程目标、学科设置、各年级各学科每周的教学时数、课外活动的要求和时数以及团体活动的时数等；后者则列出了本学科教材的篇章节目、内容要点、上课时数、实际作业（实验、练习、实习）的内容与时数以及其他教学活动的时数等。在中央集权型课程行政体制的国家，课程标准具有较强的约束力；在分权型课程行政体制的国家，课程标准的约束力有限。

3. 教科书

教科书是指根据课程标准编写的系统表述学科内容的教学用书，即课本。教科书是使学生掌握各种科学概念、原理和法则所必需的事实、现象和素材，是学生发展的主要媒介。教科书编写的好坏直接影响到学生的发展水平。

目前，我国小学各科教科书由县级教育行政部门负责选用，初中的由省或地（市）教育行政部门负责选用，对有条件的小学和初中可赋予其选用教科书的权力。但是选用的教科书必须是经过国家和省内教材审查委员会审查通过的，列入全国和本省内教学用书目录的教科书。

（二）各国教科书编写、发行与认定制度

教科书制度是伴随公共教育制度的建立而形成的，是公共教育制度的一部分。关于教科书的编写、发行、认定（审定）与供应，许多国家都建立了完备的制度。政府通过干预教科书的发行、审定与供应，保证公民在一定程度上平等地接受最基本的教育，并保证本国基础教育的水准。

在建立了公共教育制度的国家，学校使用的教科书一般是由专门的部门或机构根据国家或权威教育机构制定的课程标准以及学术研究成果，有计划地进行编写、出版和发行。而且它主要以活字印刷物的形式呈现。比起其他教材，教科书在一定程度上具有公共性、统一性和权威性的特点。世界上教科书的编写、发行与认定（审定）主要有以下几种模式。

1. 国定制

国定制是国家教育行政部门按课程计划和课程标准统一组织编写的适用于全国各地学校的教科书，各地方和个人不得自行编辑出版教科书的制度。采用国定制教材编审制度的国家有苏联、东欧各国和朝鲜等，这些国家的教材编写、发行与认定权力隶属于中央，地方和学校没有编辑出版教材的权力。如苏联的教科书是以教学计划和教学大纲为基础，由联邦教育部和各加盟共和国组织编写的，各加盟共和国编写的教科书内容要有地方特点、要确保联邦教育部规定的水平。苏联所有的语言教科书都由地方政府组织出版，教科书在观点和内容取舍等方面不仅要受政府部门、教育部门的严格控制，还要得到国家或地方教育部门负责人的批准。

2. 审定制

审定制是民间编辑的教科书，由中央或地方教育行政部门根据教学大纲审查合格供学校选用的制度。如日本教科书的审查经过"申请审查—审查初稿（一审）—审查校对稿（二审）—审查样书（三审）—公布审查结果"五个阶段。日本教科书由私人或出版社以文部省公布的学习指导要领为依据编写。需将原稿送交文部省审查合格后才能正式出版。文部省将教科书原稿转交"教科书检定调查

市议会"审议，以判定其是否合乎规定标准，然后向文部省提出答询，文部省依据答询决定是否给予核准，经核准后的教科书才能正式出版。经审议合格的教科书有多种版本，教科书的选用权在地方教育委员会和学校。

3. 自由制

自由制指由民间自行编辑出版发行供各学校自由选用的教科书，无须教育行政部门审查或认可的制度。如英国历史上长期没有全国通行的课程和教学大纲，但有统一的阶段性考试。因此，传统的教科书编著常常会受到统一性考试的试题或其出题的影响，选用则主要由教师决定。在英国，教师一直享有比其他国家教师更大的，在课程设置、教科书和教学方法选用等方面权利。由于英国根本不存在官方对教科书的限制，教科书的编辑、出版完全自由。教科书的编写不是为了满足规定的教学大纲和所开设课程的要求，因而导致教科书的内容、结构和论述方法等存在很大差异。而且教科书的种类繁多、规格不一，为此，学校选用教科书时，必须由校长和教师商榷决定。

有人担心采取自由制的国家教科书内容难以保证教育水平和质量，但实际上由于官方考试制度的制约，以及视学官（督学）和学校教育委员会的指导，这种担心是不必要的。视学官一旦在教科书上发现问题，就会及时同校长、教师进行商讨，对使用的教科书提出意见从而施加影响。

4. 认可制

认可制是民间出版的教材经国家或地方行政部门认可，地方或学校才能选用的制度。认可制与审定制的区别在于认可制的教科书内容不受官方的制约。采用这种制度的国家以法国为代表，法国虽然有全国统一的教学计划、教学大纲，但在国家层面不实行教科书审定制度，没有中央级统一的教科书编写机构来进行教科书的编写、出版与审定，完全由民间出版社自由发行。但公立小学的教科书，各县每年都要修改教科书目录，送交大学区总长认可。各公立小学从获得认可的教科书目录中选择使用。在法国，教师和家长对教科书的使用都有发言权，但相比较而言，教师的权利更大一些。

5. 选定制

选定制是由国家或地方教育行政部门从出版的各学科教科书里挑选出若干

科，制成用书一览表，供各地区和学校选用的制度。荷兰和美国的许多州均采用此制度。美国没有统一的课程标准，各州自己制定标准。美国的教科书由私人或书商依各州政府的有关规定编写和出版。美国没有全国性的教科书评审机构，教科书出版前，无须经政府审核，教科书的采用因州而异。除个别州是自由发行外，大部分州与地方都实行选定制。各州一旦认为选定的教科书不理想可立即宣布停用。根据各州的规定，教科书的选定有 3 种方式：①地方学区教育委员会选定，不受州的限制，这样的州有纽约等 15 个；②地方学区教育委员会从州里认可的书目一览表中选定教科书，如阿拉斯加、得克萨斯等 34 个州；③地方学区教育委员会根据州里规定的教科书标准选择教科书，如密西西比等 9 个州。从教科书的供应来看，美国主要实行教科书无偿出借制度，也有个别州部分无偿或有偿使用，这主要由各州根据情况自己决定或个别由学校决定。

二、教学内容管理体制

教学内容管理也称为课程管理，具体来说就是"在一定社会条件下有领导、有组织地协调人、物资和课程的关系，指挥课程建设与课程实施，使之达到预定目标的过程"。教学内容管理是对课程的编制、实施、评价等工作的组织与控制。教学内容管理体制是指国家进行教学内容管理的机构设置、权力分配和运行制度。

教学内容管理在不同的教育行政体制之下有不同的形式。纵观世界各国，教学内容管理体制主要有以下四种类型。

（一）集中管理体制

实行中央集权制课程管理体制的国家的课程管理权力集中在中央最高教育行政机关，并由其对全国课程管理的各个方面进行统一的指导。其基本特点是：国家制定和颁行全国统一的课程计划（教学计划）和课程标准（教学大纲）；由国家组织专家决策、统一编制或统一审定教材；举行全国性和区域性的毕业统考和升学考试，考试结果作为评价课程教学效果的指标。中央集权型课程管理体制的主要优点有：能够加强中央教育行政机关对课程规划和课程改革的领导，有全国统一的教育标准、课程计划，有利于全面提高教育质量。其主要缺点是：过分强调统一，不能适应全国各地复杂的情况，易于造成课程体系的僵化。采取中央集权制的国家有瑞典、韩国、苏联和法国等。

（二）分散管理体制

实行分散型课程管理体制的国家的课程管理权力分散于各地方的教育行政机关，并由其对辖区内各类学校的课程管理进行分级指导。其基本特点是：全国没有统一的课程计划、课程标准（教学大纲），由地方自主决定；课程开发由地方自主决策，全国没有统一的教材；没有全国性的统一考试制度，由地方自行组织考试与测验。地方分权型课程管理体制的优点主要是：能够根据不同地区的特点，发挥地区的优势，使课程设置丰富多彩，以满足不同地区的教育发展需求，有利于因地制宜地进行课程建设和改革。其主要缺点是：各地经济与文化发展不平衡，在课程计划、课程标准、教材编订等方面的水平参差不齐，难以保证大面积高水平的教育教学质量。采用该体制的典型代表国家有英国、德国、美国、加拿大等。

（三）标准统一、管理分散体制

这种体制也被称为混合型课程管理体制，是指先由某一层机构（中央、省、自治、市）确定课程最低标准，再由地方机构或学校根据标准决定本地本校的课程设置。这种体制把国家统一性同地方分散性结合起来，既保证了全国有统一的课程水准、课程结构，又允许地方或学校依实际情况判断，既统一又不死板；既放开了课程管理又不使课程越出范围；既保证了教育水平又使地方学校办出了自己的特色。日本等国家属于此种模式。

（四）学校自主性

在学校实行自主课程管理体制的国家的课程管理权力，由学校自主对课程进行管理。其基本特点是：学校根据自身实际情况和对社会需要的预测，自行制定本校的教学计划和课程方案；课程开发由学校自主决策，学校可以自由选择教科书；没有全国性和地方性的统一考试制度，由学校自行组织考试和测验。学校自主制的主要优点是：能够根据不同学校的特征和发展水平设置丰富多样的课程，使课程满足不同学校和不同学生的发展需要，其主要缺点是：由于缺乏全国和地方的课程计划和课程标准的约束，各个学校的办学水平和办学层次差异较大，不利于学校的均衡发展。英国曾经是学校自主型课程管理体制的典型代表，但20世纪70年代以后学校的课程管理权力逐步受到国家和地方教育行政部门的限制。

由于对教育平等和教育质量的认识不同，当人们侧重于其中一点或想兼顾二者时，就会选择不同的课程管理模式。中央集权体制注重整齐划一，追求整体的教育质量和表面的教育平等；地方分权体制侧重于因地制宜，追求实质的教育平等，但是忽略了整体的教育质量；而混合型的课程体制正是为了弥补以上两种模式的缺陷而提出的。

这四种课程管理模式实际上都有着一定的弊端，最理想的是融合型课程管理体制，融合型课程管理体制指集权与分权有机结合、合理配比，达到最佳水平，发挥系统功能的体制类型。融合型并不等同于混合型，二者是有区别的，即融合型是一个有机整体，是一个系统，而混合型只是二者的简单相加。但如何把分权和集权融合，二者的融合度达到多少为最佳水平仍需要不断探索。即使各国课程管理模式都在向融合型靠拢，但其具体内容、结合方式也不应该是一致的，因为各国的国情不同，都有自己国家的烙印，所以，各国只可相互借鉴，不能照搬照抄。

三、我国的课程管理体制改革

（一）我国的课程管理体制

1. 集中管理体制

2001年教育部颁布的《基础教育课程改革纲要（试行）》对课程权力的分配作出了明确规定。国家制定课程发展总体规划，确定国家课程门类和课时，制定国家课程标准，宏观指导课程实施。省级教育行政部门根据国家对课程的总体设置，规划符合不同地区需要的课程实施方案，包括地方课程的开发与选用；学校在执行国家课程和地方课程的同时，开发或选用适合本校特点的课程。自此，我国逐步建立起国家、地方、学校三级课程管理模式，在中央总体规划的基础上充分发挥地方和学校的课程自主权，从而使基础教育阶段的课程最大限度地满足学生发展的需求。

2. 课程编订权

中华人民共和国成立后，就实行高度集中的课程编订权，主要包括教学计划、教学大纲和教科书，课程的编订权一般属于中央。但随着经济的发展，这种高度集中的课程编制权的弊端逐渐显现出来。近年来，我国各级政府推进课程的管理体制改革，通过建立课程机构、下放课程编定权、制定法规、推行"三级课程制"（国家、地方、学校）等措施，课程管理体制逐步形成中央与地方适度分权、统一与多样相结合的局面。

（二）我国课程管理体制改革

从现实来看，传统的课程管理模式已不适应我国教育的发展，过于分散的课程管理模式又不利于保证课程的基本水准。即便是实行分权制的英国、美国也在探索克服分权制弊端的方法。纵观当今各国课程管理制度可以发现，国家、地方、学校三级课程管理模式成鼎足之势。三级课程管理也是我国课程管理体制改革的方向。三级课程管理指国家制定课程发展总体规划、确定国家课程门类和课时，制定国家课程标准，宏观指导课程实施；省级教育行政部门根据国家对课程的总体设置，规划符合不同地区需要的课程实施方案，包括地方课程的开发与选择；学校在执行国家课程和地方课程的同时，开发或选用适合本校特点的课程。

我国三级课程管理体制的着眼点在于集权与分权的平衡。历史证明集权与分权各有利弊。新课程体制下国家课程体现的是课程管理体制集权的一面，地方和学校课程体现的是分权的一面，其出发点是既发挥国家统一管理的优势，又发挥地方和学校管理课程的灵活性。中央集权的课程管理体制具有强大的历史惯性，权力下放不可能一蹴而就，而是一项长期、系统的工程。因此，下放课程的

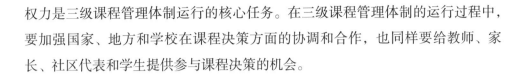

权力是三级课程管理体制运行的核心任务。在三级课程管理体制的运行过程中，要加强国家、地方和学校在课程决策方面的协调和合作，也同样要给教师、家长、社区代表和学生提供参与课程决策的机会。

第二节　高校教学组织管理

教师是学校教学的基本执行单元。学校教学工作的目的是促进学生全面发展，但是具体的教学工作却是由教师在课堂上完成的，所以，实现国家教育目的和学校培养目标需要将教师组织起来，形成一个完整的系统，只有全体教师相互配合、相互促进，形成教学工作的合力，提高教学质量。这就需要进行教学组织管理，在学校教学管理中，建立有效的教学组织指挥系统，加强教导处和教研组的建设和管理，并合理配备教师资源，提高教学管理的有效性。

一、教学管理组织系统

现代教学管理组织是随着教学规模的不断扩大、班级授课制的出现和现代学校的产生而逐渐构建起来的。"教学管理组织一般是指学校按照一定的教学目标，运用机构、人员、职权、制度和文化等组织要素，有机组合并进行动态管理的一种专门性社会组织。"

（一）教学管理组织系统的类型

1. 垂直型教学管理组织

这种教学管理组织的特点是主要靠强制性维持。学校通过设置若干级正式的教学行政管理机构来形成本校的教学管理组织系统，以行使教学管理的基本职能、维护正常的教学秩序。一种模式是四级管理机构，即教学校长—教务处—教研组—教师；另一种模式是三级管理机构，即教学校长—学科组—教师。这样有利于常规教学的落实，但容易造成教育风格雷同，最终导致学生个性发展单一。

2. 咨询—监督型教学管理组织

这种教学管理组织的特点是主要靠教师的自觉性维持。学校设教学咨询、监督机构，请家长和社区知名人士参与其中，以便改善学校的教学工作质量。这种教学管理组织的好点是管理灵活，利于教学创新；不足是教学质量不能得到有效保障，对责任心和能力不强的教师缺乏监督，容易导致这部分教师敷衍了事。

这两种组织系统是并行不悖的。学校教学管理既要充分发挥垂直管理的功能，又要充分发挥咨询监督的作用，实现教学管理的合理分工和责任制，形成渠道畅通、制度完善的教学管理组织系统。

（二）建立有效的教学组织系统

1. 充分发挥教导处的职能作用

教导处是学校教学管理系统的中枢。其职能主要：一是协助校长贯彻中国共产党和国家的教育方针政策，具体组织学校日常教学工作，制订学校教学工作计划，并定期进行检查和总结；二是根据国家课程计划、课程标准编排课程表、作息时间表和课外活动表，提高教学效率，减轻学生的课业负担；三是了解全校教师的思想动态，了解每位教师的业务水平和专长，依据教师的特点安排相应的教学任务；四是通过业务培训和研修，提高教师的业务水平和教师队伍素质，打造一支业务精、水平高、爱岗敬业的教师队伍；五是组织开展教学研究工作，通过集体备课、教学观摩、校本研究、撰写论文等方式，提高教师的教学反思和教研水平；六是对学校教学工作进行监控和评估，包括检查备课、上课、作业和考试的情况，了解教师教学和学生学习的动态，并对教师工作进行考核与评价；七是做好学籍管理工作，具体负责招生、编班、休学、转学等工作，并做好教学表格如学籍卡、健康卡、成绩总册的统计、汇报、报表的管理工作，同时负责教学图片、图书、仪器、教学工具书、教学刊物、考试样卷、教学质量分析等各种资料的整理、装订、保管、借阅工作，防止散失，保证教学所需；八是具体负责课外活动的指导与管理、学校教学仪器设备的管理等各项工作。从以上八项职能可以看出，教导处的教学管理工作非常细致，涉及学校教学工作的各个方面。

加强教导处的建设，需从两方面着手：首先，做好教导主任的选拔和任用工作。教导主任是校长管理教学工作的主要执行者，既对校长直接负责，又直接组织各学科教师、教研组开展教学工作。教导主任的业务水平高低直接影响到学校教学管理的成效。教导主任的选拔和任用要坚持公开公正的原则，并充分听取教职工代表大会和全体教职员工的意见和建议，通过公开招聘的方式将有能力、有意愿、有群众基础的优秀教师选拔到教导主任的岗位上来。在实际的工作中，要明确教导主任的工作责任和职权范围，为其开展教学管理工作创造良好的内外环境。其次，建立一支精干的教导处管理队伍。学校教导处的工作范围十分广，既要协助校长保证学校教学符合国家教育方针和课程计划，又要组织好日常教学工作和教研工作，还要组织好教师考核和学籍管理等各项工作，任何一个环节出问题，都可能影响到学校教学管理的全局。因此，建立一支精干、权责明确、合理分工的教导人员队伍，对于强化教导处的职能，具有重要的作用。

2. 强化教研组的建设

教研制度是具有中国特色的一项学校教学管理制度，始于中华人民共和国成立之初。1952 年，教育部颁布了中小学工作规程，提出学校各个学科都要设立教学研究组，其任务为组织学科教师讨论及制定各科教学进度，研究教学内容及教学方法，总结教学经验，研究教学中出现的各种问题，最终提高教师的业务水平，改进学校教学工作。强化教研组的建设，首先要选好带头人。教研组长一般由校长或教导处任命，也可由同教研组的教师推选产生。教研组长应当是学科的骨干优秀教师，能够带领任课教师深入开展教研工作，并对学科教师进行相应的教学指导工作，帮助教师解决教学中遇到的问题。教研组长具有专家型教师的特点，在教师中发挥模范带头作用。在教研组中，教师之间就某个教学问题所开展的讨论或者研究实际上是一种具有学术色彩的探讨，在探讨的过程中，教师之间是平等的，都有发表意见或建议的权利。其次，教研组长要采取措施，促进教师之间的知识共享，通过分享备课讲义、相互观摩、听课评课等方式，取长补短，共同提高教学业务水平，促进学校教学质量的总体提升。

3. 优化教师配备

教师是学校最为宝贵的人力资源，也是办好学校的基本力量。教师之间在思想状况、工作年限、能力水平、业务专长等方面都存在差异。学校教学管理的一项重要工作就是依据上述差异，合理配备各学科教师，充分发挥每位教师的业务水平，扬长避短，提高学校教学管理效能。同时，同一个学科的教师配备，要注意老、中、青教师的搭配，发挥老教师传、帮、带的作用，促进中青年教师的业务成长；而中年教师具有一定的教龄，业务熟练、精力旺盛，是提升学校教学质量的中坚力量；青年教师刚刚入职，缺乏教学经验，业务也不熟练，这时学校要创造条件帮助他们熟悉业务，并对他们进行业务指导，给青年教师创造比较宽松的工作环境，加快青年教师的专业成长。

二、教学过程管理

教学过程包括备课、上课、作业布置与批改、学业成绩的检查与评定等基本环节。教学过程或环节管理也包括备课管理、课堂教学管理、作业管理和学业成绩评价管理等方面。

（一）备课管理

备课是教师根据学科课程标准和所教学科的特点，在了解学生学习情况的基础上，合理安排教学内容的呈现方式及顺序，并针对教学中可能出现的问题进行分析并提出解决对策，以保证教学有效性的过程。备课管理工作主要包括以下几个方面的内容。

1. 钻研教材

教材主要包括教学大纲、教科书和与课程教学相关的参考资料。学校一般会要求任课教师系统性地研究教材内容，清楚所教学科的教学目的、知识体系以及教学方法方面的要求，在了解教材编写意图和知识结构的基础上分析教学重点、难点和关键环节，同时还要求教师广泛阅读与教学内容密切相关的参考用书，以充实教学内容。最终达到全面掌握教材内容体系，对教材融会贯通，进而转化为有效课堂教学的目的。

2. 了解学生

教师要通过谈话、家访、与班主任沟通等多种方式了解所教班级学生的学习态度和兴趣，了解学生已有的知识，了解学生的智力水平和健康状况，以确定教学的难度、进度，促进学生主动、高效地学习。

3. 选择方法

常见的教学方法有讲授法、谈话法、实验法、演示法、读书指导法、参观法等，在一节课上不是采用的方法越多越好，而是要看教学方法与所教内容的匹配程度。学校会要求教师在备课过程中结合教学内容和学生学习的实际情况有针对性地选择教学方法，以提高学生学习兴趣和主动性。

4. 设计教案

教案是对教学内容的整体规划。在研究教材、分析学生、选择教法的基础上，通过教案的写作，具体规划教学过程、明确教学内容主题、阐述教学目的和任务、分析教材及其教学重点难点、选择教学方法和教具、规划教学流程步骤、巩固教学内容和布置作业等环节，呈现板书设计。为了促进教师之间的知识和经验共享，很多学校都建立了集体备课制度，通过教研组组织教师集体备课，形成教学团队，整体提高教学水平。通过备课管理，教师可以提高教学的目的性和针对性，进而为提高教学效率、提高学生学习成效奠定基础。

（二）课堂教学管理

教学是学校的中心环节。课堂教学管理主要包括两个方面：听课、评课。

1. 听课

听课是校长、教学主管副校长、教导主任、教研组长等人的一项重要工作；是学校领导了解本校教学质量、了解教师教学水平、分析学生学习情况和进度最直接、最有效的方法，也是帮助教师改进教学、提高专业化水平的有效途径。依照目的不同，可以把听课分为了解性听课、指导性听课、研究性听课和总结性听课四种类型。

了解性听课是校领导为了全面把握学校的教学情况所进行的听课，通常范围比较广，涉及语文、数学、英语、体育、音乐、美术等各个学科；指导性听课主要是聘请校内外的教学专家通过听课对教师进行具体的业务指导；研究性听课是为了解决某一方面的教学问题，如学生学习兴趣低、班级教学成绩起伏过大等而进行的；总结性听课则主要是为了总结学校开展的教学实验、教师之间交流上课经验。

在组织听课之前，校领导和教务管理人员要仔细研究听课的目的，以确定听课的类型；同时，听课人员还需要对教学内容、教学目标、教师基本情况、学生情况等进行较为深入的了解，以有的放矢地分析课程内容和评课。

2. 评课

在听课的基础上，要对所听内容进行评价，这就是评课。评课的目的不仅仅是考核评价教师的水平，更应以提高教师的教学能力为基本出发点。评课是指对课堂教学成败得失及其原因做中肯的分析和评估，并且能够从教育理论的高度对课堂上的教育行为作出正确的解释。具体地说，评课是指评者对照课堂教学目标，对教师和学生在课堂教学中的活动以及由此所引起的变化进行价值判断。评课是一项教学、教研工作过程中经常开展的活动。评课的类型很多，有同事之间互相学习、共同研讨的评课；有学校领导诊断、检查的评课；有上级专家鉴定或评判的评课；等等。评课要坚持以下基本标准：

一是分析教学目标是否符合教育方针和教学大纲的要求，教学是否实现了提高学生道德水平、使学生掌握知识及发展能力的目的。

二是教学过程与结构的科学性和严谨性，包括上课时的检查复习、导入新课、引入新知识、课堂练习、课堂提问、教学内容总结、布置课外作业等环节，分析教学环节是否紧凑、教学内容的呈现是否合理、是否遵循了学生的注意规律、是否激发了学生的主动性。

三是教学思想是否体现了新课程标准的要求，主要分析和考察教学是否面向全体学生实施素质教育，是否符合整体设计目标并体现灵活开放，是否突出学生主体并尊重个体差异，是否拓展学用渠道、是否促进学生发展等。

四是教学态度，主要看教师的仪表仪容是否大方、端庄，教学感情是否丰富、真挚。教学语言，主要观察教师的课堂教学用语是否规范、准确、优美。

五是板书和幻灯片呈现得清晰和美观程度，主要看教学板书的科学性、精练性、逻辑性和连续性，分析是否有利于学生理解教学内容。

实践证明，在学校教学管理中，科学评课有利于促进教师转变教育思想、更新教育观念、确立课程改革新理念；有利于指导教师不断总结教学经验，形成教学风格；有利于及时反馈信息，调动教师教育教学的积极性和主动性。总之，通过科学地听课和评课，可以有效提高教师的业务水平，进而提高学校的教学质量。

（三）作业管理

作业是教师布置的学习任务，包括课堂作业和课外作业两种，前者要求学生当堂完成，后者则可以让学生放学后在家完成。从完成方式来看，作业包括口头作业和书面作业，前者指朗读和背诵形式的作业，后者指抄写、默写、习题、课外调查研究报告等。作业的布置与批改，是教学过程中必不可少的环节，也是学生巩固教学内容、教师了解学生学习效果的重要手段。作业管理主要包括如下内容。

1. 提高作业的有效性和针对性

不盲目布置大量作业，摒弃无效作业。布置作业要做到针对教学内容并适当拓展，做到少而精，能够有效巩固所学知识，让作业真正成为补充和优化教学的重要手段。

2. 创新布置作业形式

在当前课程改革的背景下，布置作业不仅仅是让学生在课后做习题，还可以采取准备演讲、开展调查研究、手工制作等多种形式，通过作业提高学生的综合能力。

3. 及时批改、反馈作业

作业的批改必须讲究时效性，学生完成并提交作业之后，教师要在第一时间完成批改，及时把批改情况反馈给学生。批改完成后，教师要对学生作业的整体情况进行分析，找出作业中的共性问题，并向学生讲解；对于作业中出现的个性问题，要采取面对面的方式帮助学生分析，促进学生了解和掌握所学知识。

4. 家校合作，提高作业管理质量

家长参与学校教学是教学管理的一种常见形式。学校通过家长会等让家长

明白作业的重要性，取得家长的支持和配合；要求家长督促学生完成课外作业，在提交作业之前要求家长签字并评价作业完成的进度和质量，经常与家长沟通和交流学生的作业情况。这样，既能保证家长对学生作业的监督，又能与家长及时进行沟通，获得家长的支持和配合。

（四）学业成绩评价管理

学业成绩评价是通过一定的途径、方法来判断学生的学习是否达到或在何种程度上达到了教学目标的要求。教学目标是对学生进行学业成绩评价的基本依据。教学目标包括思想品德、学科知识和实践能力等方面的要求，是对学生学业成绩进行评价的基本标准。学业成绩的评价要贯彻素质教育和课程改革的要求。学业成绩评价的方式主要有两种类型：一是考查；二是考试。

1. 考查

考查是指对学生的学习情况和成绩进行经常性的小规模或个别的检查与评定，也就是在平时的课堂教学、课外作业以及课外小组活动中对学生的学业成绩进行的过程性评价，具有经常性和及时性的特点。考查的目的在于及时了解学生学习的情况，获得教学反馈信息以改进教学。考查的方式主要有口头提问、检查书面作业、书面测验等。考查的结果由各学科教师记入学生成绩档案，体现教学评价的发展性。

2. 考试

考试是指对学生学业成绩进行的阶段性或总结性的检查与评定，一般由教育行政部门或者学校统一命题、统一批阅试卷和评分，目的在于对学生的学习质量进行全面的检查与评价。依据时间安排的不同，可以将考试分为期中考试、期末考试、学年考试、毕业考试和升学考试（如高考、研究生入学考试）等。

依照考试的内容，可以将考试分为闭卷考试、开卷考试、口试、实际操作考试等类型。在教学管理中，正规考试通常采用闭卷考试的形式，目的是检查学生学习和教师教学的总体质量，也有利于在单位时间内通过统一命题和评改选拔人才。同时，为了避免闭卷考试的死记硬背，通常还会采用开卷考试、口试和实际操作考试的形式，通过多种方式，全面检测学生的学业水平。在教学管理实践

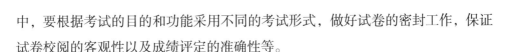

中，要根据考试的目的和功能采用不同的考试形式，做好试卷的密封工作，保证试卷校阅的客观性以及成绩评定的准确性等。

三、教务行政

教务行政是执行教学计划的一种教学行政，它的基本职能是根据全校教学计划对各项教学活动中的人力、物力、财力、时间、空间、信息等进行科学的、合理地组织、指挥、调度和控制，以达到建立正常的、稳定的教学环境和教学秩序，提高教学质量的目的。其主要内容包括招生管理、学籍管理、班级编制、编排课程表、资料管理。

（一）招生管理

招生是办学的基础，是一项计划性和政策性很强的工作。不同类型的学校招生政策各不相同。

1. 义务教育招生政策

义务教育阶段实行就近免费入学政策，也就是学生应在父母户籍所在地就近入学。但是由于办学质量存在校际差别，同时还存在着差异化的入学需求，客观上还存在择校的问题。

2. 高中教育招生政策

根据教育部的规定，高中阶段招生基本上以成绩为准，严格控制招收择校生，对择校招生实行限制性政策，即招收择校生比例要严格控制在本校当年高中招生计划数（不包括择校生数）的30%以下；公办高中招收择校生，收取择校费后一律不准再收取学费；同时规定了择校的最低标准，低于一定成绩的考生不得择校。

（二）学籍管理

学籍管理是教学管理者根据国家对学生德、智、体、美、劳全面发展的要求，按照一定的原则、方法和程序，对学生学习和各方面的表现，进行阶段和全程的质量考核、记载、评价和处理，并按照有关政策、规章的要求，对学生入学、变迁、毕业等进行控制。

学籍管理在义务教育阶段和非义务教育阶段的内容、作用和要求既相同又有区别。在义务教育阶段，按照教育行政部门的规定，要建立适龄儿童、少年的学籍档案，供当地政府、教育行政部门和学校管理者了解情况，进行决策之用。高中和大学阶段的学籍管理十分严格。学籍管理主要包括对学籍卡片、学生健康卡片、入学登记表、毕业登记表等的管理。

学籍管理是一项极其严肃的管理工作，任何教师或班主任都不得违背或变通有关程序中的任何环节。涉及任何一个学生的学籍变更或借读都需由学校领导研究决定。在分管校长签字后，应及时到教务处办理有关手续。

（三）编排课程表

课程表规定了教学科目的安排、实施程序与节奏，是进行正常教学工作的依据。编排课程表的主要方法包括人工排课和机器排课两种。课程表是固定的，是提前安排好的，但在必要的情况下可改动。在日常教学中，教师应尽量避免调课。教师调课牵涉学生利益，应制定针对学生的个性化课程表，保证学生正常学习，提高其学习效率。编排课程表并不是机械地分配教学计划所规定的课程，而是要合乎学生生活情况和师生学习、工作规律。

1. 关注学生学习时间和精力

学生精力旺盛的时候，学习能力强，效率高；学生精神疲倦的时候，学习能力弱，效率低。

2. 合理使用教师时间

编排课程表时要考虑到教师能否较好地利用时间。比如在编排课程表时应尽量给教师一些完整的时间来备课、参加教学研究活动，或进修提高；也要考虑到同科教师互相听课的可能性，对一些有特殊困难的教师也应尽可能地给予照顾。

3. 充分利用教具、场地、教学仪器

学校在编排课程表时要充分利用理化科的实验室、体育科的场地和器械等，科室安排不要冲突，以免影响教学质量。

（四）资料管理

（1）全校性的资料。如上级有关教学工作的文件，学校的工作计划、总结、全校性的规章制度等。

（2）教师教学资料。如课程标准，教科书，教学参考资料，教研组和教师个人的教学计划总结，研究成果，观摩教学教案，各科期末复习提纲、试卷，班主任工作计划、总结等。

（3）学生资料。如学籍册，毕业登记和去向情况登记表，体检资料，转学、退学、休学登记表等。

（4）统计表。如各学年（学期）学生各科成绩统计材料，升留级、升学统计材料，学生学习质量分析统计材料等。

上述四类资料属于要积累保管的材料，应及时收集，分别装订成册，编目登记，由专人保管。

四、新课程改革背景下的教学管理

新课程改革要求课程功能由知识与技能的传授向态度和价值观的形成转变；课程结构由单一性向多样性、综合性和均衡性转变；课程内容由脱离生活向与时代和生活相联系转变；课程管理向国家、地方、学校三级课程管理转变；学生学习方式向主动探究转变；学生评价向与素质教育理念一致转变。反思现阶段中小学的教学管理，很多方面不能适应这些要求。因此，教学管理工作要在观念革新、过程管理、课程与教材开发等环节作出相应的转变，以更好地推进新课程改革。

（一）更新教学管理观念

新课程改革的核心理念是"以人为本"，更新教学管理观念需要从这个理念出发，不断更新管理目标、管理过程、管理主体和管理方法。具体来说，要求管理目标从"唯分数论"向全面提高教学质量、促进师生全面发展转变；管理内容向全过程、全方位、多角度开放性转变；管理主体从领导、权威垄断向多元参与和家庭、社会、学校共同参与转变；管理方法向灵活性、多样化转变。

（二）注重教学过程监督

要管理好教学工作，保证教学工作坚持课程改革方向不动摇，必须抓好教学工作的全过程。教学工作的全过程可分为备课、上课、布置和批改作业、课外辅导、考试和考查以及教研活动的开展等环节。

（1）在备课环节，新课程改革在教学内容和教学方式上都对教师提出了全新的要求。鉴于新课程改革提高了备课难度，教师可采取集体备课的方式，通过先集体讨论形成预案，再自己设计形成个案的方式，集大家的智慧形成最优的教案。

（2）在讲课环节，要求教师转变课堂教学内容和教学方式，让学生在课堂教学中不仅学到知识，而且学会学习。

（3）在作业的布置上要弱化死记硬背性知识，强化与生活实践相联系的知识；在作业的批改上要注重质性评价而抛弃以往单纯的量化评价。

（4）在课外辅导上要紧紧抓住学生的需求，根据不同学生的需要进行辅导，并且加强对学生学习方法的指导。

（5）在考试和考查上，要弱化考试选拔和评价学生的功能，强化教师促进教学反思、改进教学效果的功能。

在教研活动的开展上，要促进教学研究规范化，建立各种规章制度以规范教研工作，开展评"三优"活动，即评优质课、评优秀论文、评优秀教案，以科研课题为抓手，提高生成性教学成效。

（三）加强课程管理和教材开发

新课程改革背景下的课程管理必须从落实国家课程标准、充分利用地方资源和开发特色校本课程三方面入手。

（1）坚决贯彻落实国家的新课程标准，在新课程标准的落实上不能有丝毫的懈怠，各门课程的开设都要按照国家新课程标准的要求开足开齐，为促进学生的全面发展打好基础。

（2）充分发挥地方优势，结合地域特色开发特色课程，为学生的特色发展提供有利条件，例如沿海地区的中小学可开设海洋知识相关课程。

（3）注重校本课程的开发，充分利用周边社区和学校自身的各种资源，结合学校教师的优势及学生的特点，开发为本校学生量身定做的校本课程。使地方课程、校本课程规范化、体系化，切实提高课程的实效性。

第三节　高校教学质量管理

教学质量指学生对于学科教学内容的掌握程度、应用知识解决实际问题的能力水平。教学质量是一个过程性概念，在每一个教学阶段学生都会达到一定的知识和能力水平。所以，对教学质量的管理必须考虑到教学的过程性。

一、教学质量目标及标准

教学质量目标就是学校在教学管理中最终追求的可测量的学生知识与能力水平，以及教师、学生、家长等相关群体对教学的满意度。学校教学质量目标按时间可分为中长期质量目标、年度质量目标和学期质量目标；按层次可分为学校质量目标、各年级质量目标以及班组和个人的质量目标。

学校教学质量目标的落实离不开具体的教学质量标准。学校教学质量标准主要包括教学效果质量标准、教学过程质量标准和教学时间质量标准三个方面。

（一）教学效果质量标准

这是学校教学过程的产出标准，主要看学生掌握学科教学内容的知识水平，学生所具备的将理论知识运用到实际的能力水平以及学生在思想道德素养方面的提升程度。一般来说，在每个学期、每个学年后及毕业和升学时，教育行政部门和学校都会组织考试，对学校进行督导和评估来分析和判断学校的教学质量。因此，考试命题、督导与评估指标的确定对于评价学校教学质量的科学性至关重要。在素质教育和课程改革全面推进的背景下，考试和督导工作不仅要从学生对知识的掌握情况进行考查，更要从学生的能力水平和思想道德修养的提升等方面考查学校的教学质量。

（二）教学过程质量标准

没有严格的教学过程作为保证，是不可能有良好的教学效果的。在学校内部管理过程中，校长、学校教学主管副校长、教导主任、年级组长等人面临的一项最为重要的工作就是制定一系列的规章制度来规范教师的备课、课堂教学、作业批改、考查、考试等教学环节，确保在上课之前教师能够充分熟悉教材、组织教学内容和了解学生，通过科学、合理地设计教学方法来提高课堂教学效果，提高布置作业的质量并减轻学生学业负担，以科学命题动态衡量学生的学习成效。

（三）教学时间质量标准

学校整体教学进度必须以国家课程计划、学校培养目标为基本标准，各学科教学的进度也要符合课程标准、教学大纲所规定的基本要求，科学分配教师讲授时间、学生自修时间、完成作业时间、考试与试卷批阅时间、课外活动时间和其他作息时间。各种时间的分配要符合教育规律、教学原则、学科特点以及学生的身心发展阶段的特点。同时，学校教学质量的提升和改进也需要制定出具体的时间进度，以某一个时间为节点，到节点后即分析教学质量改进所取得的成效和问题。这样，能够很好地把握学校常规教学和教学改革的时间节奏，使每个教师、学生都对自己所承担的教与学的任务有一个清晰的时间认知，这对于保证和提高教学质量都具有重要的价值。

二、教学质量管理模式

根据质量方针、质量目标、质量标准及其实施策略，质量管理有多种模式。对于学校教学质量管理来说，常见的质量管理模式有目标管理、质量控制、走动式管理、全面质量管理等。在实际的教学管理中，要根据学校发展的基本情况、学校教学所亟待解决的问题、学校发展战略和办学理念等方面，来选择符合学校特色的教学质量管理模式。

（一）教学目标管理

实施目标管理，可以为学校教学工作确定一个总体方向，使学校形成一个较科学的教学质量目标系统和实施流程。

1. 教学目标管理特征

在 20 世纪六七十年代，目标管理的概念被引入学校教育领域。学校教学目标管理就是以学校教学所设定的最终成果为标准，通过目标责任制对学校教学工作的量和质进行科学的考核和有效的监督，以激发学校领导者和广大师生的工作积极性，最终提高学校教学质量。教学目标管理的核心是设定教学目标，重点开展九项工作：论证决策、目标分解、定责授权、咨询指导、检查控制、调节平衡、考评结果、实施奖惩、总结经验。相比传统的教学管理，学校教学目标管理有以下几方面的特点。

重视教学质量管理过程中人的因素。教学目标管理是一种参与的、民主的、自我控制的管理制度，也是一种把个人需求与组织目标结合起来的管理制度。在这一制度下，上级与下级的关系是平等、尊重、依赖、支持，下级在承诺目标和被授权之后是自觉、自主和自治的。

重视建立目标体系和责任制。从层次上看，教学目标主要包括四个层级：第一是国家的培养目标，即培养全面发展的、符合社会发展需要的人才；第二是各级各类学校的培养目标；第三是各个学科、学段、学年、学期的培养目标；第四是单元、课题、课时的教学目标。教学目标管理是指通过设计将学校整体目标逐级分解，转换为各班级、学科、各个教师的分目标。在教学整体目标分解过程中，要明确教学过程的权、责、利，各个分目标方向一致、环环相扣、相互配合，形成协调统一的目标体系。只有每个教师都完成了自己的分目标，整个学校的总目标才可能完成。

重视教学成效。教学目标管理以目标制定为起点，以教学目标的完成情况为评价的终结，根据每个教职员工完成任务的情况进行考核与奖惩。学校教学的整体目标以及各个教职员工的分目标一旦设定，完成任务的具体方法、途径等，学校领导者不过多干预，主要由分目标承担者依据自己设定的标准主动完成工作目标。

2. 教学目标管理的实施

建立学校目标系统。学校目标管理的实质在于学校所有的部门及所属成员致力于实现总体目标，在实现总体目标的过程中同时实现各个部门目标和个人目标。在教学管理中，要明确教师的教学职能，以贯彻实施国家课程计划、教学大纲为基准，吸纳教师参与到目标制定的过程中，设定备课、课堂教学、作业布置与批改、课后辅导、考试评价等教学过程各个环节的具体目标，并制定出相应的工作规范和工作质量评价方法，使教学工作得以制度化、规范化和标准化。

加强监督反馈，不断完善管理机制和管理方法。目标管理的一个基本原则是以所设定的目标为参照，适时监督和反馈教学任务的完成情况，实施动态教学管理。因此，学校管理者要建立高效、公正的管理机构，对教师完成任务的进度和质量进行公正的考核。同时要建立立体交叉、多维的信息网络，随时关注学校目标管理活动的运行状态是否与确立的目标体系相符。

实施人本管理，实现理性与非理性管理的融合。目标管理非常重视教学过程中人的因素，既注重设定科学、客观的教学目标，又非常重视在目标实施过程中的人本管理，能够调动教师依照目标进行自我管理的主动性和积极性。心理学研究证明，人要在心理上维持认知的平衡，需要解释自己行为的合理性。在实施目标量化评估的过程中，学校管理者既要做好细致的思想工作，又要积极引导教师的内在需求，让教师产生"我要这样做"的愿望，不要让教师变成量化分数的奴隶。在实施刚性管理的同时，努力探索情感优化的有效途径，积极探索一种刚柔相济、以人为本的管理模式。

实施发展性评价。学校在实施教学目标管理的过程中，不应只看行动的结果，还应看重行动的过程，强调实行发展性评价对教师和学生成长的价值。鼓励教师进一步发展完善自己，同时，针对不同的教师应有不同的评价标准，特级教师、教学能手、学科带头人绝不能和新入职的教师使用同一个评价标准，只有这样才能形成不同层次的教师自信、自律、自强的良性循环。学校还要采用工作过程中的日考查、周积累、学期统计的方式，动态跟踪教学过程，并运用所收集的动态数据资料来调控教学过程。目标管理十分强调教学过程要面向全体学生，通过教学来促进所有学生的发展，对于教与学的考核评价不仅要看学生学习的总体情况，还要具体分析哪些学生在哪些方面取得了进步，即针对每个学生实行增值性评价。因此，教师要从学校教学的整体目标出发，遵循因材施教的原则，通过分层教学，使不同学习水平的学生都能在知识、能力、品德等各方面得到发展。

（二）教学质量控制

学校教师的整体素质情况、学校教学的过程管理水平以及教学与学校其他内外环境的处理等都直接影响和决定学校的教学质量。因此，实施学校教学质量管理必须控制每个环节，如学校全员管理、教学全程管理和学校工作全局管理。

1. 学校全员管理

学校管理的要素包括人力、物力、财力、时间、空间、信息等方面，其中，人是最为重要的因素，离开了教师素质的提高和教师提高学科教学质量的积极性和创造性，学校教学质量不可能得到提升。因此，实施教学质量管理，要求学校围绕教学这个中心环节合理配置学校人员和教师力量，围绕教学目标协同活动。在"教"与"学"的过程中充分发挥教师的主导作用和学生的主体作用，尊重教师的教学专业自主权，激发教师工作的积极性和创造性，同时为教学过程提供充足的物质资源和经费保障。

2. 教学全程管理

学校教学的整体质量是由各个教学环节的质量决定的。教师的备课情况、上课情况、作业布置与评改情况、考试考核情况等都可能影响到学校的教学质量。因此，要提高学校教学质量，就必须建立一套完善的激励和监控制度，根据教师的能力与专长、所教学科的特点以及生源质量等因素，有针对性地提高各位教师在教学过程各环节中的工作积极性和工作质量，实现教学过程的最优化。

3. 学校工作全局管理

学校工作的全局管理包括在学校内部管理中要处理好教学工作与德育工作、后勤工作、课外教育工作、班主任工作等各方面的关系，以教学为中心，妥善安排好其他各项工作，建立教学工作协调机制，避免工作中的冲突和摩擦，减少教学管理中的内耗等。同时，学校还要综合分析社区背景、家长状况以及地方教育行政管理状况等因素，争取社区、家长和行政的理解和支持，为提高学校的教学质量提供良好的外部环境保证。

（三）走动式教学管理

走动式管理（Management By Wandering Around，MBWA）是当今世界上流行的一种新型管理方式，近年来逐渐被应用到学校教育领域，丰富了学校教育教学管理的途径和手段。

1. 走动式管理定义

走动式管理的概念最早是美国管理学者彼得思（T.J.Peters）与瓦特门（R.H.Waterman）在 1982 年出版的《追求卓越》（*In Search of Excellence*）一书提出的。走动式管理主要是指管理者不应再局限于办公室，而应该身先士卒，深入基层，到处走动，以了解更丰富、更直接的员工工作问题，并及时采取缓解所属员工工作困境的策略，最终提高组织的工作绩效。

对于学校管理者来说，走动式教学管理是通过自己直接与一线教学的接触和了解，收集最直接的学校教学信息，以弥补学校正式组织渠道的不足。学校教学管理系统本质上是一个层级的结构，因此，上情下达与下情上达都要经过一系列的组织环节，而每经过一个环节，信息都可能会衰减。走动式教学管理利于解决正式组织中信息传递的衰减、过滤和扭曲的问题；利于学校管理者在第一时间发现学校教学中存在的问题，通过及时沟通尽早发现并解决，改进教学质量。

2. 走动式教学管理原则

（1）直接接触原则。这一原则要求学校管理者直接与教师、学生接触，不仅要在办公室出现，还要在教室、食堂、宿舍、操场等处出现。走动式教学管理实际上是一种"看得见的"教学管理方式，学校管理者与教师、学生面对面接触、交谈，及时了解一线教学的动态，对教学工作进行现场管理。管理者在走动时随身带个笔记本，记录观察到的现象、发现存在的问题，避免因事杂遗忘而酿成严重后果。

（2）倾听原则。在走动式教学管理中，学校管理者和教师、学生之间是一种建立在相互尊重基础上的平等关系。学校管理者不是凌驾于师生之上的视察和考核，而是要以一个服务者的身份倾听意见和建议。学校管理者要赢得教师、学生的信赖，就需要做一个耐心的倾听者，而不是一个口若悬河的人。在与师生沟通和交往的过程中，学校管理者要热情、和蔼可亲，消除教师与学生的戒备心理，这样才能获得第一手的真实信息。

（3）不定期原则。学校管理者进行"走动"要有一个大致的周期，但又不固定时间，一有时间就走进课堂，观察课堂教学、体育活动、实验教学、社会实践活动的开展情况。走动式教学管理不是一种应付检查式的工作，而是在常态教学的情况下，学校管理者走进课堂听课，课后与教师一起分析上课情况、收获和存在的问题，更为深入地了解常态教学的状况。

三、教学视导

教学视导是指各级政府教育视导或督导机构、教育行政部门及各级教研机构对学校教学有关事项进行视察、考核和指导。广义的教学视导是指一切与教学有关的观察、评估与指导工作，包括评估课程编制、观察教学过程、安排业务进修、评价教学成效等方面；狭义的教学视导是指对教师的课堂教学过程进行的观察、评估和指导，其目的在于促进教师的专业发展。这里的教学视导，包括了广义和狭义的概念。

教学视导是评价和指导学校和教师教学工作的基本手段。在实际的视导工作中，依照不同的视导目的、内容、参加主体以及视导方式，可以将教学视导分为不同的类型。依据教学视导的主体不同，可以分为行政视导、同侪视导和自我视导三种模式。行政视导是指教育行政督导人员对学校和教师教学工作的视导；同侪视导主要是来自本校或外校的教师对某个学校的教师的教学进行视导；自我视导是学校和教师针对政府所设定的视导标准所进行的自我评估，以发现问题并提出改进策略。在实际的教学视导中，为了获取全面的教学工作信息，对学校教学进行整体评估和指导，通常以多种视导模式并用的方法开展工作。

（一）四种教学视导模式

为了更为有效地发挥教学视导引导教师专业发展的功能，从 20 世纪中后期至今，教学视导研究者提出了多种多样的视导模式，其中，"临床视导"、合作性专业发展、个人化专业发展和非正式视导四种模式对于视导工作实践产生了较大的影响。

1. "临床视导"模式

"临床"是一个医学术语，原意是指医生为病人诊断和治疗疾病。教学视导的"临床视导"模式是由哈佛大学戈德哈默（R.Goldhammer）和科根（M.L.Cogan）等于 20 世纪 70 年代初最先提出的。当时，提出"临床视导"概念的主要目的是视导哈佛大学开设的教育硕士研究生班的教育实习工作。后来，这一模式逐渐推广开来并应用于师资培训和中小学督学过程中。"临床视导"是通过对教师实际教学的直接观察来获取资料的过程。在实际的教与学环境中，通过对教师的教和学生的学的活动的观察，依据所获得的第一手材料，向教师提供课堂内的必要帮助，从而使课堂中的教学发生积极的变化，最终达到提高教师教学水平的目的。其特点是视导人员和教师建立面对面的联系，共同观察教学过程、分析教学行为、提出改进措施。这种模式特别适合新教师。

2. 合作性专业发展模式

这一模式由美国教育专家格拉特霍恩（A.Galtthorn）于 1984 年提出，具体指两个或两个以上的教师为了提高各自的教学业务能力，基于自愿的原则组成专业发展合作小组，他们依据一定的标准，采取定量或定性的方法相互观察课堂教学，互相指出对方教学中存在的问题并提出改进建议，以共同达到教学专业成长的目的。合作性专业发展建立在调动教师发展的主动性和积极性的基础上，从学校和教育行政部门正式组织推动的发展转变为教师个人的"我要发展"，与正式的行政视导相结合，能够极大促进教师教学业务能力的提升。同时，以教师同侪互为主体的视导能够较容易地为教师接受，也能够减少视导人员、校长及其他教学主管人员的工作量，提高教学视导的效率。这种方法适合有一定专业经验、比较成熟、愿意与同行合作的教师。

3. 个人化专业发展模式

个人化专业发展的视导模式实际上是一种教师的自我教学视导。在教师的整个职业生涯中，教育行政和学校正式组织的约束及管理始终是一种外在力量，如果不能转化为个人专业化发展的内驱力，教师依然不能获得专业水平的提升。这就需要教师对自己的专业发展负责。在个人化专业发展的视导模式下，视导人员要与学校合作，学校要通过教育、引导和激励，引领和鼓励教师采取独立自主的方式，参照视导标准确定自己的教学工作目标，并对照视导标准进行自我评估、自我反思。在此过程中，教学视导人员会给教师提供专业指导和帮助。这是一种由教师自行设定教学工作目标、具体执行，视导人员和教师共同评价教学工作并提出改进策略的视导方式。个人化专业发展可分为五个步骤：教师制订发展目标和计划、视导人员审核、召开双方参加的目标设定会议、进行形成性评价、完成终结性评价。这种视导方式经济、省时，能够最大限度地调动教师自我管理、自我发展的积极性。适合专业发展比较成熟、愿意与视导人员合作的教师。

4. 非正式视导模式

非正式视导是相对于正式视导而言的，指视导人员对教师和学校教学所实施的非正式的、不定期的和短暂的观察和及时的反馈。教学视导人员在没有预先通知教师的情况下，到学校现场观察教师的教学过程以及学生的行为表现，也可以通过教室内的摄像设备在控制室中查看教师的教学过程。从行为方式上来看，非正式视导颇像前面谈到的走动式管理。非正式视导所观察的资料是一种最自然、最真实的常规教学资料，可以作为正式视导的补充，将非正式视导的发现同正式视导所收集的资料结合起来，避免正式渠道收集信息的片面性，全面分析和评价教师的教学工作。这种视导模式适用于任何一位教师。

在视导实践中，上述教学视导模式之间不是相互取代的关系，而是相互补充的关系。

要根据视导对象的教学经验、工作能力、专业发展水平、个性特征等方面有针对性地选择视导的具体方式。一般而言，对于初入职的教师或经验不足的教师，较适合采用临床视导的模式分析问题，提出改进教学的对策和建议；而对于有一定能力和经验的成熟教师，宜采用合作性专业发展或个人化专业发展的视导模式，以提高教师个人专业发展的责任感和主动性。

（二）教学视导的步骤和方法

依据教学视导的工作流程，可以将其分为视导前的准备阶段、现场视导阶段和教学视导的总结与反馈阶段。在每个阶段，因工作内容的不同，也存在不同的工作方法。

1. 教学视导前的准备阶段

教学视导之前，要做好一系列前期准备工作，主要包括：准备好相关学校及其教学情况的资料，事先了解学校教学情况、教职工队伍构成情况、生源情况、家长和社区情况等；通过印发材料的方式，向视导人员明确视导工作目的和各项视导指标，以及视导方法等，提高工作的目的性和科学性，如有必要还需要组织对视导人员进行业务培训；进校之前召开视导人员会议，拟定视导方案和具体日程安排，做好人员分工；与学校和教师沟通好现场视导的时间、地点等。

2. 现场视导阶段

视导人员进入学校之后，视导工作的流程为：利用课堂观察工具集中时间全面听课，把重点放在课堂教学上，要尽量听到每位教师和每一门学科的课，或者按照事先约定的计划有针对性地对教师和学科进行课堂观察；也可以对学校领导的教学管理和全体教师的教学常规活动进行深入细致的"看""查""访"，视导人员可分头同时开展工作；视导人员集中汇总视导情况，进行量化评分，并准备交换意见的提纲和有关材料；与学校领导、教师交换视导综合意见，提出改进教学工作，提高教学质量的具体建议。

依据工作目的和方式，视导人员进入学校后的现场工作主要分为观察、倾听、查阅、访谈、测量、评价、指导七个方面。

（1）观察。其主要内容是观看学校教学的文化环境和学校氛围，观察师生的课堂互动情况，观察学生的学习情况和第二课堂的活动情况，察看学校教学设施及各种功能室的布置和使用情况，观察学校师生的教学活动和课外活动等等。

（2）倾听。在教学视导的过程中，视导人员一定要学会倾听，不要急于发表自己的观点和看法。倾听主要包括听取学校领导汇报教学工作情况，听取教学管理人员的情况介绍，进入班级听取各学科教师的上课情况，同时听取师生员工及学生家长对教学的反映、评价等。

（3）查阅。查阅的主要内容包括：查看学校、教务处、教研组和教师个人的教学计划、教研工作计划，查阅学校课程计划、课时安排及落实情况，查看学校领导和教师的听课笔记，查阅教师的教案和学生的作业情况，查看学校各种教学科研活动记录，查看师生教与学的落实情况等。

（4）访谈。第一，访谈学校高层和中层管理者，了解他们对教学工作的安排和学校教学规章制度的实施情况；第二，访谈教师，了解他们对学校教学工作的评价和建议；第三，访谈学生，了解他们的开课情况、课业负担、思想动态、学习兴趣以及对教师、学校工作的意见；第四，访谈家长，召开家长座谈会，了解学校的教学管理和教师的教学情况；第五，访谈社区代表，听取社区各界人士对学校的教学评价等。

（5）测量。根据教学视导的需要，对学校教师的教学能力及教学效果和学生的学习情况进行测评，所采取的方式主要包括闭卷考试、开卷考试、口试、实践作业等。

（6）评价。在全面收集、分析学校教学相关资料的基础上，根据教学视导结果，对学校的整体工作进行综合评价、量化评分，与学校领导和各科教师交换视导意见，听取他们对视导结果的看法。

（7）指导。教学视导工作的最终目的是提高学校教学工作质量、提高教师专业化水平，这两个方面的目标是并行不悖的。视导人员一般由熟悉学校教学业务工作的行政官员、教学专家组成。在了解、分析和评价学校工作之后，视导人员和学校领导、教师坐在一起进行口头反馈，提出明确的改进意见或提供改进建议，指导学校对教学质量进行整改提高。

3. 教学视导的总结与反馈阶段

进校现场视导工作结束之后，视导机构和视导人员的工作并未随之结束，还要做好教学视导的总结与反馈工作。主要包括处理教学视导材料、撰写教学视导报告、正式反馈视导结果以及回访等方面的工作。

（1）处理教学视导材料。经过进校开展观察、听课、查阅、访谈、测量等工作，每次教学视导都会收集到大量的有关学校教学管理、教师课堂教学、作业以及学业成绩等资料。在教学视导结束之后，需要教育督导机构组织专门人员对有关视导材料进行数据分析、归类和整理。对于所收集到的视导的典型经验还可以在所辖范围内进行通报，推广先进的教学及管理经验。督导机构还要将视导过程中遇到的典型问题、先进经验等向上级政府或教育行政部门反馈，为政府和教育行政部门的决策提供支持信息。

（2）撰写教学视导报告。教学视导工作结束之后，需要视导人员及时写出视导工作报告。教学视导报告是对学校教学视导工作的正式评价，既是考核学校教学工作的依据，也是政府加强教育行政管理的依据。教学视导报告的主要内容为：视导的基本情况，包括视导时间、视导人员、视导对象、视导重点、视导方法、视导数据统计等；介绍视导学校的基本情况，包括师生基本情况、领导成员、教师的结构、家长与社区情况等；对视导学校的教学工作进行总体评价；总结学校教学工作的经验和成绩；指出学校教学工作中存在的问题，并分析产生问题的原因；总结分析视导的效果，撰写视导工作后记。在实际的撰写过程中，可以根据情况对上述内容做出调整或增减。

（3）正式反馈教学视导结果。主要的工作包括：将教学视导报告正式文本主送被督导学校，抄送主管教育行政部门、政府、上级督导部门，对于视导过程中发现的一些重要问题还要及时向有关领导单位做专题汇报。如果有必要，还可以将视导报告摘要印发给被督导学校的家长、社区代表。正式反馈视导结果时，一般需要召开正式会议，向学校讲明督导报告的主要内容，并听取学校的看法。为了进一步完善教学视导结果反馈工作，可以建立视导结果通报和公报制度，包括在教育系统内部通报视导结果，也可以通过互联网、报刊等媒体公布对学校的视导评估结果，增强教学视导工作的透明性和公开性，强化社会监督，营造推动学校发展的良性社会氛围。

（4）回访。教育督导机构要针对学校教学存在的突出问题，下发限期整改意见书、具体列出整改内容、提出整改要求、明确整改时限。学校要在规定期限内完成整改任务，并向教育督导机构报告教学工作整改情况。教育督导机构要根据实际情况，进行必要的回访，主要是复查、检查和指导整改工作，督促学校改进落实。

（三）提高教学视导科学性的策略

教学视导是教育行政管理的重要内容，也是提高学校教学质量、促进教师专业发展的重要途径。为了促进学校教学工作高质量、高水平和可持续地改革与发展，加强教学视导工作势在必行，其中，提高教学视导工作的科学性和专业性至关重要。提高视导工作的科学性和专业性，应在如下方面积极努力。

1. 伙伴合作的教学视导观念

国际上教学视导发展的经验和趋势表明，从 20 世纪 50 年代至今，教学视导的工作重心已经发生了转移。传统的教学视导主要是一种行政行为，视导人员代表政府对学校教学工作进行考核与评价，主要是看纳税人所缴纳的税款在学校是否被有效利用，其主要指标就是考查学校教学管理和学生的学业成绩。而现代教学视导的基本观念已经由注重对学校的考核评估转向通过教学视导，促进学校主动改进教学质量，同时促进教师的专业化发展，因此更加强调视导人员对学校教学管理和教师教学工作提供有效的专业指导。视导人员不是高高在上的评判者，而是促进学校与教师发展的合作伙伴。

2. 专项评估，指标体系合理

教学视导是一种专项评估，主要目的是促进教师专业发展和提高学校教学质量。

在明确了教学视导的目的之后，需要编制科学、合理、可测的教学视导评估指标体系。在指标体系的设置中，应该包括教学管理、教师教学和学生成长三个方面的一级指标和标准。学生成长指标不仅包括学生所学知识，还要体现学生能力发展情况以及学生的学习态度和情感状况。通过明确视导目的的发展性，设立指标增强对教学过程和管理过程的观察、检查和评估，重点检验学校教学管理和教师专业发展的进步幅度与速度。同时，还要设立学校教学自主发展方面的指标，重点检查与指导学校教学通过规划、实施、自评与自我监控而不断地改进和发展的情况，以促进学校教学和教师个人自主、持续地发展。

3. 规范的数据分析

对于学校教学相关资料的收集一定要全面系统，收集资料的方法要科学，这就要求在视导之前的准备阶段，视导机构要系统编制课堂观察工具和调查工具，包括学生学习态度、满意度、效能感等调查问卷，教师巡回路线图，教学程序观察表，学生学习小组观察表，教师提问与回答行为分析表等。对所收集的教学视导数据，利用社会科学统计软件和有关的统计量进行定性和定量的数据分析，进行编码、归类和分析，整理归档，为对学校进行全面、科学的评估和指导提供规范的方法和充足的数据。这就是用事实说话，用规范的方法和研究工具替代经验式、感觉式的评课，对于教师的教学改进和专业成长具有举足轻重的作用。

4. 提高教学视导人员的专业水平

建设一支数量充足、结构合理、素质优良的视导人员队伍，是实施科学教学视导的基础和保证。如果视导人员的专业知识不过关，不了解视导的目的和要求，不熟悉视导的指标体系，就不可能对学校教学工作进行科学视导，也不可能为教师的专业发展提供有效的建议。因此，科学开展教学视导工作，首先要求教学视导人员具有较高的政治思想素质和较高的教育专业造诣，并有一定的教学工作经历和实践经验。在结构方面，可采用专职视导人员与兼职视导人员相结合、官员型视导人员与专家型视导人员相结合、老中青视导人员相结合的形式，保证评估队伍在年龄结构、知识结构上的合理性与科学性，同时也可以做到优势互补，深入而全面地开展视导工作。

随着教育事业的发展，视导人员的专业性变得越来越重要，实现视导人员的专业化也成为一项迫切的现实需求。所谓视导人员的专业化，是指明确视导人员独特的任职条件，建立专门的视导人员培养和培训体制，并采取相应的管理制度和措施，实施视导人员的资格证书制度和职级制度等，使视导成为一种职业。视导专业化意味着视导人员应掌握渊博的教育理论及实践的知识，精通相关的法律法规及方针政策，不仅要掌握教学视导评估的基本理论，还应具备可操作性的技能，不仅应具有敬业奉献的精神，还应具有高度的责任感与使命感，树立公正客观与廉洁服务的专业操守。同时，视导人员的专业化还意味着，要加强对视导人员的教育培训和考核，通过立法确保视导人员的责权范围，不断地提高视导人员的社会地位和经济待遇；还要加强教育评估理论与实践的研究，开设教育督导评估的相关专业，建立相应学科等，促进视导人员的专业化，加快视导队伍建设。

四、教学评价

教学评价是指依据教育方针和学校培养目标，在系统、科学和全面地收集、整理、分析教学内容、教学过程和教学成效等方面数据的基础上，通过数量测量和质量描述的方法，判断教学过程是否达到了预定的目标，进而评价学校教学工作的整体质量。教学评价是教学管理的一项重要工作，也是教学视导的基本环节。教学评价是政府视导或督导机构或学校自我评价教学工作、监控教学过程，保证和提高学校教学工作质量的有效手段。为了避免重复，这里重点介绍教学评价的功能、类型和教学评价指标体系三个方面。

（一）教学评价的功能

教学评价在评价学校教学质量、考核教师业务工作、提供建议促进教师专业发展等方面都发挥着重要的作用。

1. 教学导向功能

评价是教学的"指挥棒"。教学评价所设定的目标、指标、标准对被评价者来说，起着引导的作用，引导被评价者朝着设定的目标和评价标准而努力。教学评价的结果，实际上是树立了什么样的学生是好学生、什么样的教师是好教师、什么样的学校是好学校的标准，必然对教学及其管理工作产生导向作用。因此，在教学评价中，评价者要科学、严谨地制定评价目标、指标和标准，体现教学评价的科学性、全面性和发展性，引导教学工作走向正确的方向。

2. 教学诊断功能

教学评价通过收集学校教学工作各方面的数据，可以全面地了解教学工作情况，并运用科学的方法判断学校教学的质量、成效和不足；教学评价不仅可以评价学校教学目标的达成度，还可以解释未达成教学目标的原因，是对学校教学工作所进行的一次全面的、严谨的诊断。通过评价，不仅判定了学校工作的好坏优劣，更重要的是还能通过揭示缺点和问题，为今后的改进指明方向。

3. 教学激励功能

教学评价对教师和学生都具有监督和强化作用，科学、公正的教学评价对师生来说都是一种激励。好的评价结果可以使他们看到付出的努力有回报，激励他们向更高目标努力；不好的评价结果，如果处理得当，也可以让师生深入反思问题所在，找到正确的方向和方法，让他们继续努力改进教与学。教学评价既给学校、教师、学生带来了压力，也给他们带来了动力和活力，激励先进，鞭策后进。

4. 教学管理功能

评价是学校教师管理和教务管理的重要环节。教学评价中对教师的表现作出鉴定，可以使学校了解教师的工作情况，作为教师考核、晋升的依据，防止教学中的"大锅饭"。同时，教学评价中对学生学习等各方面进行考查和鉴定，也可以作为学生编班、分组、升学的依据。

5. 教学调节功能

教学评价反馈的信息可以使师生随时了解自己教和学的情况，教师和学生可以根据评价反馈信息及时修订计划，调整教与学的行为，从而提高教与学的目的性，更为有效地达到目标。

6. 教学促进功能

评价贯穿于教学的全过程。教学评价的主要方法包括测验、征答、观察、提问、作业检查、听课和评课等，而这些方面都与教学密不可分，在一定程度上可以认为，评价本身也是一种教学活动。在这个活动中，学生的知识、技能将获得提升，智力和品德也得以发展。因此，可以认为，评价是促进学生发展的重要手段，发挥着提升教学成效的功能。

（二）教学评价的类型

根据评价目的、内容和标准，可以将教学评价分为不同的类型。在具体的教学评价实践中，应结合评价目的综合运用下述评价方法。

1. 评价基准的角度

从评价基准的角度可将教学评价分为相对评价、绝对评价和个体内差异评价三种类型。

（1）相对评价。相对评价是以样本总体的平均状况为基准，将对评价对象的测量结果与基准相比较，确定被评价对象在整体中所处的相对位置。在这里，评价对象既包括学生，也包括教师和学校。每一个评价对象都会在总体中处于某个特定的位置。这种评价方式有利于在评价对象之间进行横向比较，能够有效地甄别优劣，可以激发评价对象的竞争意识和成就动机，适用性广，能反映出评价对象之间的差异。但是，因为评价对象所在的样本总体的教学质量水平不一（不等质），所以，不能比较两个不同地域的学校、不同学校的教师以及学生的实际水平；而且，这种评价方式更加注重比较评价对象所处的位置，具有选拔性的特征，不利于考查评价对象是否完成了既定的教学质量目标，难以确定教学质量目标的达成度。另外，竞争性的优选评价，也可能会挫伤一部分评价对象的积极性。

（2）绝对评价。评价主体根据学校教育目标制定教学评价基准，通过评价了解和评判评价对象的教学目标达成度，了解学校教学质量与教学目标的距离、存在的问题及面临的现实困难，帮助提出教学改进的对策。绝对评价的中心目的不是比较评价对象在总体中的相对位置，而是重点考查教学目标标准的达成度。这种评价方法的优点是鼓励评价对象向着所设定的目标前进，可以明确地分析和评价对象的发展状况与评价目标之间是否存在差距，以及存在多大的差距，把学校教学的关注点吸引到实现发展性的目标上来。但是，在现实的教学中，评价主体所树立的绝对评价标准与学校现实、教师能力和学生素质是存在差距的，这就意味着不是每个评价对象都能够达到评价的基准。同时，绝对评价需要制定一个科学、客观的评价基准，但是在教学评估实践中，制定一个客观的、科学的评价基准又是非常困难的，往往需要投入大量的资源、时间和人力，而且制定出来的评价基准也不一定能被所有的评价对象接受，这就增加了教学评价的不确定性。

（3）个体内差异评价。这种评价方式不注重评价对象之间的对比，甚至也不注重评价对象与评价主体设定的客观基准的对比，而是在尊重个性、发展特长的基础上提出来的一种以评价对象的过去某个时间点（段）的素质特征为基准的评价模式。个体内差异评价更加注重个体自身发展的"纵向比较"。实质上，这是一种发展性评价或增值性评价，可以充分照顾到评价对象之间的个体差异，并反映个体的特征和发展变化成果与趋势。但是，个体内差异评价没有客观的标准，很容易使被评价者坐井观天，自我满足，反而止步不前。要打破这一局限性，通常要将个体内差异评价与相对评价、绝对评价综合起来运用。

2. 评价功能的角度

按照评价功能的差异，可以把教学评价分为诊断性评价、形成性评价和终结性评价。

（1）诊断性评价。诊断性评价又称准备性评价或前置性评价，是在教学活动开始之前对评价对象的学习或教学工作准备情况以及可能遇到的特殊困难进行诊断，以便针对性地开展教学和指导工作。诊断性评价一般在课程实施、学期、学年的开始阶段或教学过程中进行。诊断性评价可以事先了解评价对象的学习、教学和管理工作准备情况，明确教学工作和学生学习的起点，为开展教学活动提供依据，并能了解评价对象的差异性特征以及遇到的特殊困难，以便在教学活动中采取特殊的补救措施。诊断性评价的主要方法包括查询教学工作记录，分析学生以往成绩，对学生的学习进行摸底测验，进行智力测验和学习态度测验，观察和访谈等。

（2）形成性评价。形成性评价也称为发展性评价，它的目的在于了解教师的教学过程，考查教学内容的安排是否合理、教学策略的运用是否得当，随时了解和掌握学生的学习情况，分析教学实践中的长处和短处，以改进教学，促进教师专业发展。形成性评价能够及时了解学校的情况、存在的问题等，以便及时反馈、调整和改进学校工作。形成性评价在教学工作中会经常进行。形成性评价既着重于判断前期工作达成教学目标的情况，又注重对教学过程的评价。评价结果

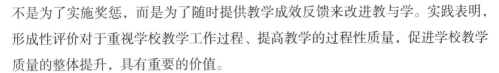

不是为了实施奖惩，而是为了随时提供教学成效反馈来改进教与学。实践表明，形成性评价对于重视学校教学工作过程、提高教学的过程性质量，促进学校教学质量的整体提升，具有重要的价值。

（3）终结性评价。终结性评价是对一个学年、学段的某个学科的教学工作质量的总体评价，如学年的期中考试、结业考试和升学考试等。其目的在于对学生的学习质量做出总结性的评价，同时也对学校和教师的教学工作进行整体评估。终结性评价注重的是教与学的结果，借此对评价对象的绩效进行全面鉴定，区分等级，评价结果通常对实施奖惩或升学至关重要。

3. 评价方式的角度

按评价方式的不同，可以将教学评价分为两种：定量评价和定性评价。

（1）定量评价。定量评价是指运用数学的方法收集和处理教学评价的数据资料，对教学评价结果进行量化的描述、分析和判断，从而得出量化结论的评价方式。定量评价运用的方法主要包括教育测量与教育统计，对被评价者的特性用数值进行描述和判断。定量评价具有客观化、标准化、精确化、简便化的特征，在以甄别、选拔为主要目的的教学评价中是最为主要的评价方式。但是定量评价往往只能测量到评价对象行为和特性中能够量化测量的部分，而忽略那些难以量化的重要品质和行为，如思想态度、非智力因素和内隐的思维过程等，并不能完全反映评价对象的整体素质水平。

（2）定性评价。定性评价侧重于根据评价对象平时的表现，反映教与学的整体状况或状态的文献资料、文字材料进行观察和评析，在此基础上对评价对象做出定性结论的价值判断。通常采用的方法有评语法、评定等级法等。定性评价更加强调评价主体所拥有的经验、知识基础和专业判断力，更加关注对教与学的整体过程进行系统的考查和评估，并对个体的独特性作出质性的分析与解释。但是，定性评价的标准有时比较笼统，主观随意性较大，易受评价主体个人好恶倾向的影响，难以做到精确和客观。

应当指出的是，定性评价与定量评价并不是截然分开的。事实上，定量分析指标的设立也要建立在定性预测的基础上，而现代定性分析方法同样也可以在对文本资料进行归类、编码的基础上用数学工具计算。因此，定性评价与定量评价是相辅相成的，二者结合起来才能取得最佳的教学评价效果。

4. 评价主体的角度

按照评价主体的不同，教学评价可以分为自我评价和他人评价。自我评价是指评价对象既是评价主体又是评价客体。这个自我可以是个人或集体。学校自我评估的主体就是学校自身及其教职员工。他人评价指由评价对象以外的人或组织进行的评价，可以是政府督导部门，也可以是大学专家团队或研究人员。

（三）教学评价指标体系

评价目标既是教学评价的出发点，也是教学评价的最终归宿。教学评价指标体系是指教学评价各项指标所构成的总体或集合，其主体框架是各级各类教学评价的具体指标和标准。教学评价指标体系既是教学评价工作的基础，又是教学评价工作的核心。设计出一个有效、简明、科学的指标系统，将直接影响到教学评价结果的科学性和可信度。教学评价指标体系可分为三个层次：学校教学评价指标体系、教师教学行为评价指标体系、课堂教学评价指标体系。当然，不同时代、不同地域可以有不同的指标体系和标准，可以有不同的表述方式。但无论哪个层次的教学评价，其指标体系的开发过程都遵循如下步骤和方法。

1. 确定指标体系和标准

学校教学评价指标体系主要包括学校教学管理、教师教学过程、学生学业成就、教学研究工作四个基本方面。教师教学行为评价可从备课、上课、作业、辅导等方面去评价。课堂教学评价可以教学目标、教学过程、教学效果、教学基本功为一级指标。一级指标又可以细分为二级指标、三级指标……一般来说，一级指标较为抽象，指标层级越往下，指标就越具体、越具有可操作性。从理论上来说，指标等级越多，评价越细致，精确度就会越高，但是如果评价指标超过五个级别，一般人就很难掌握，反而不利于教学评价的有效实施。一般来说，评价指标体系以 13 级指标为宜。指标确定之后，再确立每个指标的标准，为教学评价决断提供依据。

2. 设置评价指标的权重

指标权重是指某项教育评价指标在其他因素保持不变的情况下，该指标的变化对于教学评价结果的影响程度。权重系统地反映出各个评价指标对于评价结果的影响因子。在实际的学校教学中，教学管理、教师教学、学业成就、教研工作等的变化对于教学评价结果的影响情况是不同的。但是，这个"不同"到底有多大，需要对评价指标体系实施预评价和试测，通过统计分析预评价和试测结果，运用回归分析、专家意见法（德尔塔法）、关键特征调查法、层次分析法等来计量不同的指标变化对于教学评价结果的影响程度。在此基础上，设置教学评价的一级指标、二级指标、三级指标等的具体指标的权重。只有给各个各级指标都设置了具体的权重，各级各类评价指标才能形成一个体系，保证评价的科学性。

需要指出的是，教学评价指标体系中各指标权重的设置，既是客观统计分析的结果，又体现了国家和社会对于学校教育的价值追求。在应试教育情况下，分数或升学率被视为唯一的或最为主要的指标，而这明显是偏离教育方针和教育目标的，也不利于促进学生的全面健康发展。而在素质教育和课程改革的背景下，学生的综合素质是教学评价的核心，教学评价目标的设置要体现发展性，因此，在评价指标的权重方面，会赋予那些能够促进学生综合素质全面发展的指标更大的权重。

3. 教学评价指标的试验与修正

确定各级评价指标，以及各项评价指标的权重，就制定出了一个教学评价指标体系的初步方案。这个初步的评价指标体系仅仅是书面的文字，它能否有效地反映学校教学工作的现状、问题和特征，还有待评价实践的检验。只有经过评价实践检验的指标体系才是有效的，才能被接受。因此，需要将所涉及的教学评价指标体系在一定范围的学校教学评价实践中进行检验。检验的主要内容包括评估收集评价资料的可行性、标准的全面性与互斥性、可比较性等方面。根据检验的结果对教学评价指标体系进行修正和完善。在得到验证和完善之后，才能够正式投入使用。在以后的使用中，还要不断根据学校教学的实际情况以及教育事业的改革与发展不断修订完善。

（四）教学评价的过程

教学评价是一项技术性很强的系统工作。从过程上来看，教学评价主要包括制定教学评价方案、实施评价方案、撰写教学评价报告、反馈教学评价结论四个基本环节。

1. 制定教学评价方案

制定评价方案是实施教学评价的第一步。教学评价方案的主要内容包括评价目的、评价对象、评价标准、组织实施、评价方法、实施期限、评价报告完成时间、评价报告接受的单位或个人、预算等方面。

判定教学评价方案应明确以下几个问题：第一，明确教学评价的目的依据。中国共产党和国家的教育方针及教育目的、培养人才的规格和要求、课程计划与教学大纲以及学校培养目标是制定评价方案的基本依据。第二，明确教学评价希望考查和评判的主要问题。教学评价可以是对学校教学的整体进行考核评估，也可以针对教学工作的某个具体方面进行评价，如教师备课情况、教师上课情况、学生学业成绩、教学管理工作等。第三，在明确目的依据和主要问题的基础上，确定教学评价指标体系。如果已经有了比较成熟的指标体系，可以直接拿来使用；如果指标体系不成熟，还需要经过试测、检验、修改完善才能使用。第四，确定收集教学工作信息的方法和评价的具体方法。根据评价指标体系确定的项目来确定收集学校教学工作的数据和资料的方法，如观察、测量、访谈等，并设计信息收集流程图的各种表格，保证信息收集的完整性和客观性。根据评价基准、评价方式、评价功能，选择适合的评价方法。

2. 实施评价方案

实施评价方案就是根据教学评价方案具体开展教学评价工作，即收集评价资料和数据，分析和处理评价资料和数据，最终得出教学评价结论。

运用学业成绩测量、作业分析、问卷、听课、访谈、观察、查阅学习档案袋等定量和定性相结合的方法，系统地、全面地收集教学工作相关信息。根据教学评价指标体系对所收集到的学校教学工作资料和数据进行归类、整理。

选择与运用合适的分析方法，对收集到的教学工作数据和资料进行定性和定量分析，在分析的基础上，对学生学习、教师教学、学校教学管理工作进行客观的描述。将教学工作情况与所设定的相对评价、绝对评价和个体内差异评价的各种标准进行比较，分析学校教学目标的达成度和教师、学生发展状况和存在的

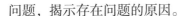

问题，揭示存在问题的原因。

汇总教学评价的各个子项目和各方面的评价结果，最终形成对学校教学工作的总体评价，同时针对存在的问题，提出教学改进建议。

3. 撰写教学评价报告

报告的撰写者是评价主体。无论是自我评价还是他人评价，教学评价报告的写法没有差别，主要内容包括两大部分：封面和正文。

（1）封面。为了提高评价报告的传递效率，教学评估报告的封面通常包括以下信息：评价报告的名称，评价目的，评价的组织者或评价者单位的姓名或名称，评价报告接受单位、部门或个人的名称或姓名，评价方案实施和完成的时间，呈送评价报告的时间，建议作出决策或制定教学改进工作计划的期限。

（2）正文。正文是教学评价报告的主体部分，主要包括三个方面的内容。

第一，描述教学评价方案的实施过程。具体来说就是：叙述收集和分析处理教学评价信息的过程；分析在评价实施方案中遇到的问题和处理评价信息遇到的困难；说明评价主体和评价对象有无违反教学视导或评价工作纪律的情况。

第二，教学评价结果分析。具体来说就是：叙述教学评价收集和分析资料、数据的方法；分析学校教学工作目标达成度和教师、学生的发展程度；分析学校教学工作的整体情况和存在的问题原因。

第三，结论与建议。在组织评价人员讨论的基础上，将教学评价结果汇总，形成学校教学评价的最终结论，并提出改进的意见或建议。

4. 反馈教学评价结论

评价结束后就要把教学评价报告传递给报告的接受者，促使其采取行动做出改进教学工作的决策并实施具体教学改进方案。报告反馈一般有三种形式：将教学评价报告反馈给学校或教师，促使其改进教学工作，并听取其对教学评价报告的看法或意见；将教学评估报告反馈给教育行政部门或督导评估部门，为提高和改进教学工作提供支持性的信息基础；通过媒体公之于众。这样，既能够促进教育部门内部和学校的相互学习与借鉴，还能够获得公众对于教育工作的理解和支持，形成舆论监督的氛围，督促被评价主体改进工作。

在反馈教学评价报告时，既要保持评价反馈的严肃性，又要创设一种平等相待的气氛，当谈到学校工作的问题和不足时要考虑到学校或其他被评价者的心理承受能力，避免给评价对象带来挫折感，使其产生焦虑情绪，甚至引起心理冲突。在平等、轻松的氛围中，通过灵活多样的沟通，被评价者可以自然、自觉接受评价结果，并对评价结果提出自己的看法或建议，以提高教学评价报告反馈工作的可接受性和有效性。

第三章

高校教育管理体系中的行政管理建设

第一节　高校行政管理概述

教育行政管理旨在培养具有较为扎实的经济科学、管理科学和教育科学理论基础，较为开阔的社会科学学术视野和掌握现代教育经济与教育财政研究方法的复合型专业人才。以适应我国政治经济文化发展和教育教学改革对高层次人才的需要，为中国教育经济与管理的发展培养一批与时俱进、奋发有为的高级人才。

一、高校行政管理的基本概念

（一）高校行政管理的定义与特征

高校行政管理是指高校为实现其办学目标、履行其社会职能而开展的一系列行政事务活动。与企业、政府等其他组织的行政管理相比，高校行政管理有其独特性。首先，高校行政管理具有公共性。作为培养国家人才、服务社会发展的机构，高校的管理活动不仅是为学校内部服务，更是为社会整体利益服务，使其管理具有公共性和公益性。其次，高校行政管理具有复杂性。高校不仅是知识的传播者，更是科研的创造者，同时还承担着学生管理、教学管理、科研管理、社会服务等多项任务，使其管理活动比其他组织更加复杂。再次，高校行政管理还具有一定的学术性和学术自由性。与其他类型的组织不同，高校行政管理需要在保障学术自由的前提下进行，这就要求管理者在制定行政政策时，需要平衡行政管理的规章制度与学术自由的冲突。最后，高校行政管理的参与者不仅包括学校的领导和行政人员，还包括广大师生，这意味着高校的行政管理需要兼顾多方利益。

（二）高校行政管理的职能与作用

高校行政管理在高校的运行中具有核心职能和作用，确保了高校能够顺利完成其教学、科研和社会服务等任务。首先，高校行政管理的职能是决策支持。通过有效的信息收集、分析和判断，管理者可以制定符合学校发展需求的决策，帮助学校实现长远的发展目标。其次，行政管理具有组织协调的功能。在高校内部，各部门和各类人员之间的关系错综复杂，行政管理的协调功能确保各类事务有序进行，避免了资源浪费和矛盾冲突。最后，监督和控制也是行政管理的一项重要职能。通过定期的考核、评估和反馈，行政管理可以确保学校的各项政策和计划得到有效执行，并在发现问题时及时采取应对措施。这种监督机制不仅可以提高行政效率，还能确保学校的办学方向始终与社会发展需求相吻合。高校行政管理的作用还体现在服务保障上，行政人员通过为师生提供便利和高效的服务，确保教学科研等核心业务能够顺利开展。

（三）高校行政管理的发展历程

高校行政管理的发展可以追溯到古代学府和书院的管理模式，但其现代化进程始于20世纪。随着社会经济和科技的发展，高校行政管理逐渐从传统的官僚式管理向现代化、信息化管理转变。在早期的高校管理中，权力高度集中，决策权通常掌握在少数领导手中。然而，随着时代的发展，学术自由和民主参与逐渐成为高校管理的重要原则，决策的科学性和透明度也得到了显著提升。此外，随着全球化的深入，高校的国际化发展需求也推动了行政管理的变革。特别是在信息技术的推动下，高校行政管理逐渐实现了数字化转型，管理效率和服务水平有了明显提高。同时，管理体制的变革也是高校行政管理发展的重要特征之一。传统的以行政为主导的管理模式逐渐被以"校务委员会"等多元参与模式所替代，学校管理层逐渐向学术代表和社会各界开放，以便吸纳更多意见，推动高校的改革与发展。

二、高校行政管理体制

（一）高校行政管理的组织结构

高校的行政管理组织结构是确保各项管理职能有效实施的基础。在大多数高校中，行政管理组织结构通常采用"校长负责制"或"党委领导下的校长负责制"。这种组织结构体现了中国高校管理的特点，既确保了校长在行政管理中的主导地位，又保证了党委在高校事务中的政治领导作用。高校的行政管理层次通常分为校级、院级和部门级，每个层级都有明确的职责分工。校级行政管理层主要负责学校的战略规划、资源分配和重大决策；院级行政管理层则负责院系的日常运行和教学科研的管理；部门级行政管理层则具体负责各类后勤、财务、人事等事务的执行。高校的组织结构不仅要保证管理的高效性，还要确保不同部门之间的协同合作，避免资源的浪费和部门之间的权力斗争。此外，近年来，随着高校规模的不断扩大，管理体制的扁平化趋势逐渐显现，越来越多的高校通过减少管理层级、增强各部门的自主权，提升了管理效率。

（二）高校行政管理的决策机制

高校行政管理的决策机制是确保学校各项事务顺利推进的重要环节。通常情况下，决策的主体是学校的校长办公会或校务委员会，这些组织通过定期的会议讨论和投票表决来制定学校的重大政策和决策。在决策过程中，学校需要综合考虑多方利益，特别是教师和学生的意见。为此，许多高校逐渐引入了"民主参与"机制，例如教职工代表大会和学生代表大会等，保证师生有机会参与学校的决策过程，从而提高决策的科学性和透明度。此外，数据驱动决策成为近年来高校管理中的一大趋势。通过大数据技术，管理者可以更精准地掌握学校的各类信息，从而制定更加合理的决策，提升管理的科学性和效率。决策机制不仅要考虑到学校内部的因素，还要紧密关注外部环境的变化，如政策法规的调整、科技进步和社会经济的发展等。这种内外兼顾的决策模式有助于高校在日益复杂的环境中保持竞争力。

（三）高校行政管理中的层级与职责分配

在高校行政管理中，层级与职责分配的明确性对于管理的顺利运作至关重要。通常情况下，高校的管理分为三个主要层级：校级、院级和部门级。每个层级都有明确的职责和权限，校级层次负责全校范围内的宏观决策和资源分配，院级层次负责具体教学和科研事务的管理，部门级层次则负责各类行政事务的执行。在实际操作中，各层级之间需要建立良好的沟通与协作机制，以确保信息的上下传递和任务的有效执行。此外，随着高校规模的不断扩大和管理事务的日益复杂，各层级之间的职责划分也越来越专业化。例如，在校级层面，通常由不同的副校长负责教学、科研、学生管理等不同领域，而院级层面则根据学科专业的特点进行分工管理。近年来，一些高校通过设置专门的管理机构和岗位，如国际交流办公室、数据中心等，进一步提升了管理的专业化和精细化程度。

高校行政管理的最终目标是使学校拥有的人力、物力等资源发挥出最大的价值，以完成学校的各项任务。我国高校行政管理在借鉴国外高校先进经验的同时结合我国国情初步形成了高校行政管理体系。这一管理体系在保障高校实现教学、科研两大主要任务目标，培养高素质大学生的过程中发挥着重要作用。当前，我国高校数量多，大学生人数众多，办学质量需不断提高，办学条件也需不断改善。全面深化改革时期，社会在较快发展的同时也对高校的教学、管理提出更高的要求。高校行政管理是保证高校办学方向、贯彻党的教育方针的重要保障。高校行政管理水平的高低直接影响着教学科研资源能否合理配置，因此，高校的管理工作水平对高校取得跨越式发展具有重要意义。

三、高校行政管理中的关键领域

（一）教育教学管理

教育教学管理是高校行政管理的核心内容之一，其目标是确保高校的教学工作能够高效、有序地进行。高校的教育教学管理主要包括课程设置、教学计划的制订与实施、教师的聘任与考核、教学质量的评估等方面。首先，课程设置是教育教学管理中的重要环节，学校需要根据社会需求、学科发展和学生的实际情况，合理安排各类课程，确保学生在学习中能够全面提升知识和技能。其次，教学计划的制订与实施也是管理中的关键步骤。高校通过制定详细的教学大纲和计划，保证教学活动能够按照预定目标进行。最后，教师的聘任与考核也是教育教学管理中的重点。通过引进优秀的教学人才，学校可以提高教学水平，而定期的教学质量评估则可以确保教学效果的持续改进。总之，教育教学管理不仅是学校的核心职能之一，也是高校行政管理中最具挑战性和复杂性的领域。

（二）人力资源管理

人力资源管理在高校行政管理中扮演着至关重要的角色，其主要目标是通过合理配置人力资源，确保学校的教学、科研和管理工作能够顺利进行。高校的人力资源管理包括教师和行政人员的招聘、培训、考核与晋升，以及员工的薪酬福利管理等。首先，教师的招聘与选拔是高校人力资源管理的核心内容之一。随着社会对高质量教育的需求不断提高，高校需要不断引进优秀的教学与科研人才，以提升学校的教学质量和科研水平。其次，教师与行政人员的培训和职业发展也是人力资源管理的重点，通过定期的培训和学习，学校可以提升教职工的专业能力，增强学校的整体竞争力。最后，人力资源管理还涉及教职工的绩效考核与晋升机制，通过科学、公正的考核体系，学校可以激励员工不断进取，为学校的发展作出更多贡献。

（三）财务与后勤管理

财务与后勤管理是高等院校行政管理工作中至关重要的两个方面，它们在确保学校日常运营顺畅以及推动学校战略目标实现方面扮演着不可或缺的角色。在财务方面，其主要职责涵盖了资金的筹集、预算的编制、财务的监督以及审计等多个环节。通过精细化和高效的财务管理，学校能够确保资源得到合理分配，资金使用效率得到显著提升，从而有效避免资源的浪费和不必要开支。随着学校规模的不断扩大，财务管理的复杂程度也在升高，这就要求学校必须构建一套科学、透明的财务管理体系，以应对日益增加的财务风险和挑战。

在后勤管理方面，主要负责学校基础设施的日常维护与运营管理，这包括但不限于校园环境的美化与维护、后勤服务的提供以及学生生活设施的保障等。近年来，随着高校后勤管理社会化的不断推进，越来越多的高校开始选择将后勤管理的某些业务外包给专业的服务公司，这样做不仅能提高管理效率，还能显著提升服务的质量和水平。通过这种方式，学校能够专注于其核心的教育和科研任务，同时确保学生和教职工能够在一个更加舒适、便利的环境中学习和工作。

高校行政管理通过控制、协调、指挥、组织和计划的措施，构建了良好的生活、工作及教学秩序。为高校高素质人才的培养、高层次科研成果的取得奠定了坚实的基础。行政管理的主要工作是为高校的师生提供良好的行政服务，确保学校科研及教学等工作的顺利展开。但是其具有工作内容复杂、工作量大等缺点。因此，让高校行政管理工作为高校师生提供服务，就一定要突出高校改革及发展中高校行政管理的重要性，强化其服务性的根本性质。

高校行政管理与学术管理相辅相成，因此，高校的内部事务可分为学术事务和行政事务。与之相对应，高校的管理可以分为性质不同而又有关联的学术管理和行政管理。高校是知识的殿堂，学术是大学的灵魂，学术管理在高校管理中具有举足轻重的作用。高校学术管理的主体包括学术人员和学术组织。学术管理的客体是学术事务，包括教学活动、科学研究、学科建设、课程设置、师资培养、学位授予以及就业、招生等。高校具有学术属性的同时，还具有行政属性，在其发展的过程中形成了自己的科层制结构，具有自己的行政体系。高校行政管理的主体是行政管理人员和行政机构，其客体是行政事务，主要涉及人事、组织、宣传、基建、后勤等。

第二节 高校行政管理的问题与思考

一、高校行政管理中的问题

当前，各大高校实施高校行政管理的方式存在着差异。大部分传统高校行政管理的实施具有一定的基层制特点，在权力与人事方面存在下级向上级负责的特点。当上级指定管理目标之后，每一级的行政管理根据上级目标制定分目标。学校采取的行政政策也是逐级落实到基层。高校传统的行政管理在具体工作中缺乏创新意识、因循守旧、视野过于狭窄。学术与行政各部门相比而言，后者的权力明显高于前者。高校的主旨是学术研究，这是产生新观念、新思想、新知识的必经之路，也是高等院校今后发展的最终趋势，更是高校学术创新、思想及文化建设的决定性条件。因此，高校学术管理应该具有相应的自治性与独立性。但是在目前高校行政管理状况中，学术权力的位置被行政权力所挤占，而且呈现逐步加重的势态。学术权力的削弱使高校学术研究受到严重的阻碍，其功能也被严重削弱。

（一）高校行政管理部门缺乏服务意识

在服务型高校的建设过程中，行政管理人员要把为全校的学生和教职员工进行服务当作工作的重点。然而，在传统的高校行政管理理念中，行政管理工作人员并没有形成相应的理念，工作人员没有把自身的定位放在服务上。不少高校在行政管理的过程中仍沿用过去的老办法与老思路，规范化与法制化建设强度明显不够，难以适应高等院校教学发展的需要。在行政管理方面，重视机构、重视权力分配、重视规章法则，但是人才培养却被明显忽视。在处理事务的时候，领导不表明态度，没有自己的立场，墨守成规。同时，高校基层行政管理部门必须接受多层次的领导。基层工作人员面对繁忙的日常事务很难有足够的时间去思考、研究，导致高校行政管理工作的服务质量较低，难以满足高校学生与教职员工的具体诉求，也就导致了高校行政管理工作的效率较低。

（二）行政管理人员素质无法满足发展需求

从某方面来说，行政管理应当属于一项辅助性的工作。在实际的行政管理中，注重效率与质量。但是在某些高校中，工作人员的素质与行政管理工作不符。第一，行政管理的人员来源范围广，很多人并没有经过系统高等教育基础理论与专业管理知识的培训，也没有经过选拔，存在严重的"照顾"因素，这也导致行政人员素质缺位的现象。第二，高校高层领导对行政管理产生错误认识，认为其可有可无。在平时工作中，对工作人员疏于管理，采取放养式的管理方式，并未给其提供机会进行职业培训，也造成工作人员没有较高的职业素质。第三，受到机关化带来的负面影响。有部分工作人员没有掌握先进的工作方式，过于注重形式，官僚主义现象严重，在平时，也没有通过学习武装自己，造成工作人员素质水平下降。

（三）高校行政管理组织结构不合理

机构设置不科学，行政管理人员多。目前，我国的高校行政管理体系层级数量过多，许多部门的职责或功能都有所不同，机构重叠现象非常严重，并且行政人员每年只有增加没有减少，出现了行政管理人员冗余的现象，导致校园行政很难达到理想的管理状态，决策权严重分散，权责不清，办事效率低下。这就导致教师与学生日常办理各种手续时，会面对相当复杂的工作流程。一件简单的事情就可能会涉及很多的部门，而部门之间权责不清，进一步导致行政权力泛化。在这样的情况下，行政部门相互配合与协作不够，造成巨大的人力、物力资源浪费，行政办公效率降低，给学生和教师带来了极大的不便。有些高校的行政管理组织结构则较为单一，忽视了行政管理组织要为全校师生负责和工作的目的，成为一种自上而下的管理模式，而合理的高校行政管理组织结构应该是一种自下而上的良性结构。这种不合理的组织结构严重降低了行政管理体系的工作效率，影响了高校的教学质量和科研水平。此外，行政管理还存在官本位和层级制度，上至高校高层领导，下至教职工，存在较强的等级观念。

二、高校行政管理改革与创新的重要意义

由上述的分析可以了解到，目前高校行政管理存在着较多的漏洞与不足。行政管理方面存在的问题，在一定程度上影响了高校教学活动的顺利进行。基于此，改革和创新高校行政管理具有非常重要的意义。

（一）适应新时期发展需要

高校作为培养创新思维和高素质专业人才的关键阵地，其在社会发展进程中扮演的角色日益凸显，对社会进步的贡献也日益显著。随着时代的发展，高校

教育必须持续进步，以满足新时期提出的多样化要求。因此，改革与创新已成为高等教育机构必须面对和重视的重要课题。为了适应新时期社会发展的需求，高校必须转变传统的教育观念、摒弃过时的管理模式、积极采纳新的管理理念和方法。通过这样的转变和更新，高校能够有效地推进行政管理的改革与创新，从而更好地服务于提高教育质量和促进人才培养的目标，确保高等教育机构在新时代背景下能够持续发展，为社会培养出更多具有创新精神和实践能力的优秀人才。

（二）保障高校改革发展顺利实施

在高校推进改革的实施过程中，高校的行政管理体系扮演着至关重要的角色，它不仅需要协调校内外的各种关系，还必须发挥激励作用，提供参谋建议，以确保各项改革措施得到有效执行。在高校日常的办学活动中，任何小问题都可能演变成影响教学质量乃至学校长远发展的大问题。因此，行政管理的作用就显得尤为关键，它通过提供服务来协调不同部门之间的关系，旨在发挥各自的优势，补齐短板，从而推动高校改革的深入发展。

为了实现这一目标，高校行政管理体系需要不断完善监督检查制度，确保每个部门都能根据自身特点和职责制定出相应的督办要求。这样，各部门在开展工作时就能够更加高效地完成既定任务。同时，行政管理还应当根据实际工作情况，提出具有针对性的发展建议，以确保高校的各项工作能够顺利进行，从而为学校的稳定发展和教育质量的提升提供坚实的保障。通过这样的努力，高校行政管理不仅能够促进学校内部的和谐与效率提升，还能够为高校的持续发展和教育改革的深化奠定坚实的基础。

三、完善高校行政管理的基本思路

（一）协调行政管理与学术管理的关系

高校的行政管理与学术管理共同构成了高校这一特殊机构的核心组成部分，这两者的根本目标和本质使命在于推动高校的持续进步与全面发展。在这一过程中，行政管理与学术管理之间必须进行有效的互动与沟通，通过这种互动协调两者之间的关系，确保高校在面对各种问题时能够采取针对性的解决措施，从而提升高校决策的科学性和合理性，有效避免资源的浪费和管理的低效。

为了实现行政管理与学术管理之间的良好协调，需要从多个层面进行深入的工作。在管理体制方面，应当建立一套既能够保障学术自由和创新，又能够确保行政效率和规范的管理体系。这要求高校在制定管理政策时，充分考虑到学术活动的特点和行政管理的需要，通过合理的制度设计，实现两者之间的平衡。

（二）实行柔性化管理

在高校行政管理的过程中，采用柔性化的管理方式，不仅可以将工作人员的积极性与主动性充分调动起来，还能够加强行政管理与学术人员之间沟通交流，促使学校管理目标的实现。但是在实行柔性管理的过程中，首先，就得树立民主管理理念，增强民主参与意识。在学校各项管理与决策的过程中，让师生参与进来，增强师生的主人翁意识与责任感。在行政管理的过程中，使用柔性化管理，可以激励内心，促进和谐校园的建设。其次，还需要关注师生的情感需要。柔性管理的中心是人，充分的尊重与理解是柔性管理的前提。行政管理的过程中将人的中心作用充分凸显出来，可以增加亲和力与凝聚力。

（三）提高行政管理人员的素质

改革和创新行政管理，行政管理队伍的建设在其中具有非常重要的影响。不断提高行政管理人员的素质，优化行政管理队伍，是提高行政管理水平的要件。因此，高校应当在行政管理人员选拔上，严格遵循相应的准则与标准，保证行政管理人员综合素质满足该项工作的需要。同时还应当对工作环境进行优化，促使行政管理人员在管理工作中将其视作自己的事情，尽心尽力办好。

（四）转变高校行政管理的观念

首先，在行政管理中，要做到以人为本，转变对行政管理的认识。对自身进行明确定位，树立正确的管理观念。其次，在实施行政管理工作时，积极探索以人为本的方法及思路，转变行政管理的工作方式，重点实现以人为本的管理。最后，在实际工作中，对于被管理者要给予足够的尊重。在日常教学中，关心教

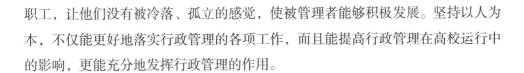

职工，让他们没有被冷落、孤立的感觉，使被管理者能够积极发展。坚持以人为本，不仅能更好地落实行政管理的各项工作，而且能提高行政管理在高校运行中的影响，更能充分地发挥行政管理的作用。

（五）深入高校行政管理理论研究

实践出真知，但要建立在现有理论的基础上，因此，为更好地促进行政管理工作的开展，很有必要对其进行理论研究。第一，对行政管理课题进行立项，鼓励学者对其理论进行研究，营造良好的研究氛围。第二，给予取得行政管理成果的学者奖励，调动高校学者研究的积极性，促进理论研究的顺利完成。第三，结合成功理论研究成果进行深入研究，借鉴先进的研究经验，结合高校发展的实际情况，研究出适合自身学校发展的理论。

总而言之，在高校教学不断发展的过程中，高校行政管理作为重要的内容必须予以高度重视。而要想与高校各项工作相互匹配，就得改革和创新高校行政管理，促使其在高校中发挥真正的作用。

第三节　高校行政管理的改革与创新

一、重视高校思想政治教育

（一）高校思想政治教育和行政管理的关系

1. 思想政治教育是开展行政管理工作的思想基础

高校在制定和实施行政管理措施时，都要用思想政治教育来指导。行政管理的目的是用规章制度来对高校师生的行为进行规范，因此行政管理活动具备强制性的特点。行政管理规范被管理者的行为，但是无法实现对被管理者的思想教育，简单来说就是即使高校的师生不认同学校的某些制度，但是为了不受处分，也必须遵守规章制度。如果让师生认可学校的规章制度并且能够自觉地执行，就需要在思想上对师生进行教育，让被管理者真正理解学校制定的制度，在思想层面上认可该制度，这样学校的规章制度才有意义。因此，思想政治教育是行政管理活动的思想基础，只有思想政治教育取得了成果，才能为学校的行政管理的实施减少阻力。

2. 行政管理是实施思想政治教育的途径

行政管理的强制性措施是思想政治教育的支撑，且思想政治教育能够巩固高校教育的成果。思想政治教育能够让学生树立正确的人生观和价值观，以保证学生的行为能够符合社会主流价值观、符合社会主义现代化建设的要求。然而单纯的教育对于学生产生的影响往往是有限的，对一些自制力比较差的学生，其作用甚至是微不足道的，这就需要运用行政管理的手段来辅助思想政治教育。根据思想政治教育中暴露出来的问题，行政管理依据学生的实际情况有针对性地制定规章制度，强制学生必须按照制度来执行，对于违反规章制度的学生要采取相应的行政处分。因此，强制性的行政管理能够规范学生的行为，约束那些自制力差的学生。

3. 思想政治教育与行政管理是相辅相成的

高校教育的最终目的就是培养中国特色社会主义的建设者和接班人。思想政治教育与行政管理的根本目的也是促进学生政治思想素质的提高，两者相辅相成。从某些角度上来说，思想政治教育就是一种柔性的行政管理，而行政管理就是强制性的思想政治教育。行政管理活动如果没有思想政治教育作为基础，就无法让学生理解和认识，只会适得其反；如果思想政治教育没有行政管理作为执行手段，就会丧失强制力，对学生起不到教育的作用。因此，思想政治教育是实施行政管理的思想保障，而行政管理是实施思想政治教育一些强制性措施的手段。思想政治教育通过教育促进学生思想认识的提高，行政管理通过规章制度对学生的行为进行规范，两者都是为了让学生树立正确价值观，并引导学生做出正确的人生选择。

（二）高校思想政治教育和行政管理有机结合的方式

1. 改进思想政治工作体系以推动行政管理工作的顺利开展

第一，高校的思想政治工作主要是对学校的工作人员进行思想教育，学校要利用先进的管理理论来加强思想教育。学校要培养工作人员的参与意识和责任感，利用多种思想政治教育模式，将学校工作人员的参与意识调动起来，加强学校管理人员和被管理人员之间的关系，减少因为不能理解管理者的意图和对策而引起的不满情绪，为工作人员打造一个良好的工作环境。第二，对激励体系进行完善，以将工作人员的积极性充分调动起来，提高工作人员的参与度。在以往激励制度的基础上，对管理者的行为激励以及关怀激励和支持激励等激励制度不断进行改进。第三，强化培训，开展多渠道和多元化模式的业务知识和文化教育，提升工作人员的专业能力。

2. 提升行政管理干部的思想政治素质

要保证高校行政管理工作的高效性，关键是要建立一支具有高政治素质的行政管理干部队伍。行政管理干部需要具备高尚的品德和才华，怀抱远大的理想和目标，具有无私奉献的精神和服务精神，能够克服工作中遇到的各种困难、认真努力地完成工作任务。除此之外，行政管理干部还要具有良好的知识架构，具备综合分析能力和具体问题处理能力，只有道德和才能都具备，才能强化高校行政管理干部队伍的素质建设，因此行政管理干部只有三观端正，不断提升自身的政治素养，才能实现思想政治教育和行政管理的有效结合。

随着高等教育改革的深入，各高校的办学规模也不断加大，这使学校的管理工作中出现越来越多的问题。在这样的形势下，对高校行政管理者的要求也越来越高，而思想政治教育和行政管理的关系密切，高校在实施行政管理的同时，还需要加强思想政治教育工作，全面地提高高校管理效率。

二、服务型高校行政管理体系的构建

（一）高校行政管理的服务特性内涵

1. 专业性的服务

由于高校中各个系别、学院都具有不同的专业，高校的行政管理工作过程中，经常会出现一些涉及专业领域的管理工作，而这些管理工作由于具有极强的专业性，给高校行政管理工作者带来了较大的困难。因此，高校行政管理工作人员要有足够的专业知识，只有具有专业能力的工作人员才能够更好地进行高校行政管理工作，从而为高校的学生和教职员工提供更多的优质服务。

2. 服务客体具有多样性

服务型的高校行政管理体系的工作核心是满足学生和教职员工的基本需求，为学生和教职员工进行服务。然而，学校中的人数众多，每个人都具有不同的要求，导致高校行政管理体系的服务具有多样性的特点。因此，高校行政管理工作人员要针对每个服务客体的具体要求，进行不同的行政管理服务，从而满足每个服务客体的基本要求，提升高校行政管理的服务能力。

3. 服务具有规范性的特征

对于高校行政管理体系而言，只有具备了较强的规范性、实行规范化的服务，才能更好地提升高校行政管理的服务质量。因此，高校行政管理体系的建立，要以满足学生和教职员工的需求为核心理念，通过对学生和教职员工进行规范化的服务，在每一个工作的环节都进行科学地设置并管理，简化高校行政管理的工作流程，从而让高校的学生和教职员工能够享受到更加优质的服务，促进高校教学质量和科研水平的不断提升。

（二）高校行政管理服务特性的意义

1. 服务型高校行政管理有助于高校行政管理改革

高校行政管理是维护高校日常运作和发展的重要环节，也是高校进行教学和科研的重要保障。不同的高校由于其实际情况不同，行政管理体系也有所不同，而同一管理模式对不同的高校具有不同的影响。而随着服务型高校理念的不断深化和发展，传统的高校行政管理模式已经无法适应高校的发展和建设要求，因此，对于高校行政管理体系进行相应的改革，已经成为高校不断发展的必然。服务型高校行政管理是以高校的学生与全体教职员工的诉求为核心的，以为学生和全体教职员工提供服务来更好地贯彻服务型高校的建设理念。因此，服务型高校行政管理可以有效地促进服务型高校的发展，促进高校教学水平和科研水平的不断提高。

2. 服务型高校行政管理有助于培养高素质的优秀人才

高校的核心目的是为国家和社会培养更多高素质的优秀人才，而服务型高校的核心理念则是以学生和教师为本，对学生的能力和素质进行培养。因此，服务型高校行政管理要立足于学生和教师的实际要求，为高校的教学和科研层面提供更优质的服务，为高校的人才培养奠定坚实的基础。对于服务型高校行政管理理念的深化和贯彻，可以有效地培养行政管理部门的服务理念，从理念上提升行政管理部门的服务效果，使行政管理部门能够更好地为学生和教职员工服务，让高校培养高素质优秀人才的核心理念融入行政管理部门当中，从而使全校形成为学生的培养服务的理念，提高教师的工作积极性，促进教学水平的不断提高，同时，服务型高校行政管理模式的使用，还可以给学生创造一个良好的生活和学习环境，激发学生的学习兴趣，提高学生的学习效果，为高校培养出更多高素质的优秀人才。

3. 服务型高校行政管理有助于高校科研发展

高校除了是培养人才的重要场所，还是进行科研的重要场所。传统的高校行政管理模式，注重行政权力的主体地位，而忽略了学术权力的重要作用，使高校行政管理体系无法为高校的科研工作作出应有的贡献，导致高校的科研水平难以得到发展。而在实行服务型行政管理模式的高校中，除了注重对学生的培养以及对学生与全体教职员工的服务，还要注重提升学校的科研能力，这就要求在行政管理中，更加注重学术的重要地位。服务型高校行政管理模式能够更好地协调各个部门之间的关系，让各个部门能够在提升高校科研水平的目标上共同努力，从而为高校顺利进行科研项目提供相应的保障。同时，在服务型高校行政管理的模式下，不仅要注重高校的日常工作，更要着眼于未来，对于高校的未来发展有一个明确的认知，建立相应的战略方针，从而有效地提升高校的教学质量和科研水平。

（三）基于服务特性的高校行政管理工作构建思路

1. 改变传统的高校行政管理理念

传统的高校行政管理理念，更加侧重管制整个行政管理的工作流程，使工作的每一个环节都更加符合高校相关的规章制度，而忽略了行政管理应该满足学生与教职员工的基本要求，这也就导致了服务型高校行政管理体系难以进行构建和发展，阻碍了高校的发展步伐。因此，在高校服务型行政管理体系的构建过程中，高校的行政管理部门必须转变传统的行政管理观念，通过树立以学生和教职员工为本的服务思想，来对全校的师生负责，在行政管理的工作过程中，充分考虑学生与教职员工的基本要求。

2. 建设服务型高校行政管理队伍

行政管理工作人员在整个行政管理工作中起主体作用，行政管理工作人员的工作能力和素质，直接影响了整个行政管理工作的质量。因此，建设行政管理工作队伍，对提升服务型高校的行政管理水平具有重要的意义。在建设服务型行政管理队伍的过程中，先要提高行政管理工作人员的思想政治素养，使行政管理工作人员能够具有良好的职业道德和服务意识。

3. 建立完善的服务型高校行政管理制度

完善的制度是保证服务型高校行政管理顺利开展的重要前提。因此，在服务型高校行政管理的建设过程中，要对服务型高校行政管理的规章制度进行相应的建设。要建立相应的民主决策制度，让全校的学生与教职员工都能够融入管理过程中。

还要建立一个对于行政管理水平和质量进行评价监督的机制，让学生和教职员工能够对服务型高校行政管理进行相应的评价，并吸取其中的不足进行相应的改正，以保证服务型高校行政管理能够顺利进行。

行政管理体系在我国高校的发展和建设上具有重要的意义，通过对服务型高校行政管理体系的构建，可以深化我国服务型高校建设，促进我国高校教学水平和科研水平的不断提升。

三、"以人为本"的后勤服务体系构建

（一）"以人为本"的高校行政管理理念

"以人为本"的高校行政管理理念，是以"为广大师生服务"为宗旨的，也

是国家对教育事业发展的新要求，对我国政治、经济、文化的发展都具有深远的影响。在传统的管理模式下，高校行政管理理念落后，严重忽视了广大师生的主体作用，导致行政机构冗余、管理人员工作效率低下，后勤服务质量得不到有效保障，严重影响了教学科研工作的开展。因此，只有对高校后勤行政管理体系进行优化和改革，贯彻"以人为本"的管理理念，将服务教学、教师和学生当作首要任务，提高管理人员的综合素质，才能为高校各项工作的开展提供保障，促进我国教育事业的发展。

（二）"以人为本"的高校后勤行政管理体系的构建

1. 树立"以人为本"的管理理念

要实现高校后勤的人性化管理目标，必须树立"以人为本"的管理理念，确保后勤行政管理舒心、放心，能够充分满足现代化管理要求；只有使管理人性化，才能充分调动后勤人员工作的积极性和主动性，确保其在工作中尽心、尽力、尽责，更好地服务于广大师生，让教师和学生在良好的校园环境中工作和学习，从根本上实现人力、财力、物力的功能最大化和效用最大化。

2. 提升后勤服务保障功能

随着高等教育的大众化发展，高校后勤工作正朝着社会化的方向发展，学校的大学生多为"90后""00后"，他们对高校后勤服务的要求不断细化。为有效满足学校、教师和学生的基本需求，必须重视对后勤行政管理体系的优化和完善，改变传统的后勤行政管理模式，提升高校后勤服务保障功能，为广大师生提供主动、高效、便捷的服务，充分满足高校发展的基本需求。在高校后勤行政管理工作中要坚持走可持续发展的路线，实现科学化管理、以人为本，提高高校后勤行政管理人员的工作热情。

3. 建立高素质的后勤干部队伍

要想做好高校后勤保障服务工作，必须重视对高校后勤人员的培养，建立高素质的后勤干部队伍。高校只有加强高素质后勤干部队伍建设，聘请专家开展后勤服务知识讲座，不断更新高校后勤行政管理理念，增强后勤人员的责任感、服务意识，提高后勤人员服务水平，才能使高校后勤行政管理跟上时代发展的步伐。

4. 优化和完善后勤运作机制

随着科学技术的快速发展，传统的后勤行政管理模式已经不能满足高校教育事业发展的需求。因此，优化和完善高校后勤运作机制是十分必要的。将先进的信息技术应用到后勤行政管理中，能够实现高校后勤的信息化管理，使后勤行政管理部门及时掌握并汇总工作信息，为高校后勤行政决策创造有利条件。高校还可以构建信息交流平台，有效实现师生和后勤人员的双向互动，提高后勤行政管理水平，使后勤行政管理工作科学化、规范化、合理化。总而言之，高校后勤服务是学校中心任务开展的重要保障，后勤部门只有在服务广大师生的过程中贯彻落实以人为本的理念，才能在高校后勤工作和教育教学工作中开拓新的局面，实现高校后勤行政管理的科学化和规范化，促进教育教学活动的开展。

四、高校行政管理效率提升策略

（一）健全人才准入制度，引进尖端行政管理人才

在高校行政管理领域，大部分行政管理人员都来自基层，其管理方法与管理理念是在日常工作中形成的，而且是以工作经验为基础开展各项管理工作。大部分行政管理人员自身所具备的知识水平偏低，没有掌握新型的管理方式，管理理念较为落后。随着时代的发展，尤其是信息化水平的不断提高，依托工作经验的行政管理模式已无法适应时代发展的各种要求。基于此，在高校行政管理中应高度重视创新管理模式的问题，积极构建完善的人才准入机制，以此提高行政管理队伍的整体水平；应以人才退出机制为辅助，对行政管理人员进行定期考核，依据其表现决定去留。发挥机制优势，能够激发高校行政管理的活力，提高管理效率与质量。

（二）完善管理与服务的责任制和绩效管理

公立高等院校的经费来源主要为政府拨款，在院校管理层面需要受到行政体制的约束。因此，应结合院校实际，打破传统的单一制行政管理模式，引入管

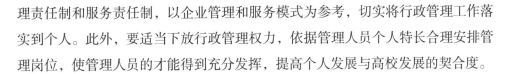

理责任制和服务责任制，以企业管理和服务模式为参考，切实将行政管理工作落实到个人。此外，要适当下放行政管理权力，依据管理人员个人特长合理安排管理岗位，使管理人员的才能得到充分发挥，提高个人发展与高校发展的契合度。

1. 明确行政管理人员的职责

在工作中，只有按照岗位的不同，制定不同的绩效考核标准，才能达到完善绩效管理的目的。第一，高校需要根据自身的运转需求，确定行政管理部门以及行政管理工作人员的数量。如果学校的规模比较大，则可以设置较多的行政管理人员，反之，则要减少。第二，要根据岗位的不同，确定不同的工作职能，规定行政管理人员所应该承担的责任和义务，使行政管理的效率得以提升。第三，学校要为每个行政管理人员确定对应的绩效目标，比如在确定绩效目标的时候，需要根据部门的整体绩效目标、个人的岗位要求、行政管理目标、行政管理的难度等方面进行综合考量，使绩效管理的目标可以在工作当中得到实现。

2. 完善绩效管理考评体系

只有完善绩效考评体系，才能有效完成绩效管理的目标，促进行政管理人员的自我提升。因此，在实际过程中需要加强绩效考评体系的修正，满足管理的要求。为了使高校行政管理人员的绩效考评更合理、更有效，应从以下几方面入手。

（1）目标分解，计划到位，科学定位，有效沟通，职责明确。在绩效管理的四个环节中，绩效目标的设立最重要，它是绩效管理活动的中心和总方向，决定着计划时的最终目的、执行时的行为导向、考核时的具体标准。设定绩效计划目的在于将学校发展战略及目标与每位行政管理人员的行动结合起来，确保行政管理人员的工作目标与学校的战略目标保持一致，最大限度地保证学校战略目标的实现。绩效计划必须清楚说明期望行政管理人员达到的结果以及为达到该结果所期望行政管理人员表现出的行为和技能，可以通过层层分解目标来实现，并力争保持学校战略目标与规划和教职员工个人愿景的和谐一致。

（2）重视过程考评和控制，力求考评的完整性和连续性。控制是管理的一项基本职能，是通过对计划执行情况的监督、检查等方式，及时发现目标偏差，找出原因，采取措施，以保证目标顺利实现。一个完整的绩效管理系统包括绩效目标与计划、绩效控制、绩效考评、绩效反馈四个环节。要使绩效考评真正有效，必须关注以下几方面。

第一，做好平时记录，形成绩效文档。绩效管理一个很重要的原则就是无意外，认真做好被考评人员的平时绩效记录，形成绩效文档，作为年终考评的依据，确保年终考评有理有据、公平公正。

第二，营造浓厚的学习氛围，提高员工自我学习能力。高校本身就是一个学习型的组织，更要根据不断变化的形势，调整人才培养的目标和计划，为行政管理人员的发展营造良好环境。

第三，慎重选择考评主体，体现全面性、针对性。高校行政管理人员服务的对象主要包括学校高层领导、教师、学生及其他相关的管理人员，应该说相对教师而言要广泛得多；同时，不同的行政管理岗位又有不同的主要服务对象，对行政管理人员的绩效考评应慎重选择其考评主体，力求保证全面性、针对性，并考虑到其与被考评人的关系、素质、各类考评主体的人员分配比例等因素，从而使考评结果更具公平性、公正性、合理性，也更可信、更有效。

第四，确立奖惩性评价与发展性评价相结合的价值取向。在绩效考评过程中，由于价值取向的不同，评估的指标、标准及考核评估的方法等都会有有所不同。可以说价值取向是绩效考评的基础，也是建立整个绩效考评体系的方向。奖惩性评价主要以奖惩为目的，是一种不完全的评价，是一种终结性的面向过去的评价。它在某种程度上可以促进改革、促进提高，引起部分人员的共鸣和反响，但它从根本上忽视了评价的激励和导向的功能，不利于促进全体行政管理人员的发展。而发展性评价既注重人的全面发展、和谐发展、个性发展和人格完善，又注重一个组织发展和社会发展的需要，体现了一元性与多元性的统一。但发展性评价若不与奖惩性评价相结合，又会导致广大行政管理人员无压力和激励刺激，同样对提高管理水平及服务质量无益。因此，在高校行政管理人员的绩效考评中必须将两种评价方法结合起来，综合运用，才能收到很好的效果。

第五，重视个人绩效的同时，关注团队绩效，实现绩效最大化。对于高校的每个行政管理岗位而言，实际上都要求多种能力的组合，而每个人能力结构是不同的，同时，一个人的能力也是有限的。而高校的行政管理是个完整的系统，许多管理工作是相互联系、相互影响、相互制约的。因此，学校管理者若能在进行个体绩效考评指标设定时，根据各岗位的实际情况，适当加入一些与团队绩效和流程相关的指标。并通过团队绩效目标及相关工作流程将具有不同能力结构的人融合在一起，量才用人，任其所长，不任其所短，创造机会，重视引导，形成团队成员互促共赢的局面，以实现绩效最大化。

3. 加强考评结果的运用

首先，要重点关注考评结果的反馈。当完成考评之后发现行政管理人员存在问题，要及时寻找原因，找出解决的方法，纠正行政管理人员的行为。其次，要将考评结果与行政管理人员的薪酬、晋升挂钩，使行政管理人员可以争先提高自身的工作质量，以期获得更好的考评成绩。最后，要将考评结果对外公布，使行政管理人员可以了解到绩效管理的权威性，从而注意自身的行为，提高行政管理的效率。

4. 强化绩效考核的激励措施

由美国心理学家斯金纳（Burrhus Frederic Skinner）提出的强化理论可知，人们总是期望完成任务并取得阶段性成绩后，能够得到适当的奖励和大家的肯定。组织的战略目标如果没有相应的物质激励或精神激励来持续强化，长此以往，高校行政管理人员的工作积极性就会逐渐消失。根据激励理论及激励方法的不同，在高校行政管理人员的管理者可从以下几方面强化绩效考核的激励措施。

（1）物质激励。现阶段，物质激励仍然是大多数高校行政管理人员关注的重心。高校行政管理人员的管理者可以将各岗位人员性格特征、需求的差异性、服务数量、服务质量、服务对象的满意度及服务难易程度等综合测评，与其绩效工资挂钩，在各单位内进行绩效工资的二次分配，不同部门、不同岗位、不同的行政管理人员之间拉开差距，以体现多劳多得，优绩优酬。

（2）精神激励。物质激励与精神激励两者相互配合、相得益彰、缺一不可，只重视物质激励而轻视精神激励不仅会加重学校经济负担，而且对员工的长远发展不利，而只重视精神激励而轻物质激励，则不能满足职工的基本生活需求，因此要两者有效结合，各自发挥优势，弥补对方的不足。精神激励相对于物质激励而言是无形的激励，是看不见、摸不着的激励方式，但是能满足人们精神上的需求，包括给员工升职、对他们的工作认可、职位晋升、培训激励和被尊重的激励等多种形式的激励手段，能给他们带来荣誉感、成就感和满足感，持续地凝聚他们的工作信念，让他们激情饱满地实现组织目标。马斯洛需求层次理论指出，人们在满足生理需求和安全需求后，会更多地关注社交、自尊、自我实现等更高层次的需求。随着人们生活水平的提高，高校行政管理的决策者和管理者在采取物质激励的同时，还应该把重心转移到满足较高层次需要上。

（3）知识激励。知识激励也是激励中的重要部分，是指高校行政管理人员对知识的需求，及时提供必要的技能知识、信息及学习知识的机会来调动他们的积极性和创造性的一种激励手段。高校行政管理人员是知识型人才，他们既有一般人的基本需求，又渴望生活的归属感、事业上的成就感和社会上的荣誉感，收入对其满足需要的边际效用呈递减趋势，随着生活水平的提高，对物质激励越来越淡化，非物质的需求所占的比重越来越大，自我实现需求占据主导地位。知识激励主要包括向不同党政单位向各个职能部门行政管理人员提供必要的专业知识培训和获取各种知识的机会，如定期将高校行政管理人员输送到与自己工作或所学专业相关的培训基地进行知识培训，以提高其专业知识技能和综合素质。

（4）目标激励。目标激励是指高校设置整体发展的目标，使行政管理人员的个人目标与学校的整体目标紧密地结合在一起，让他们感觉到自己的个人利益与学校整体利益息息相关，愿意全心全意为高校发展服务。建议高校行政岗位的管理者在采取物质激励的同时，还需结合目标激励机制，结合各个部门不同岗位人员的绩效考核结果，能力和素质特征、服务态度、服务质量和工作效果，为其确定适当的岗位目标，岗位目标再分解成多个目标，与本人工作岗位有效地结合起来，能够诱导人努力地去争取。心理学上把目标称为诱因，是启发人们奋发向上的内在动力。同时各高校根据自身战略目标和学校的财力引入现代企业人力资源管理理念，并制定竞争性和市场化的宽带薪酬制度，从而吸引优秀人才，推动教育事业的发展。一方面，将有事业心、有进取心、有领导力、综合水平兼优的人员安排到重要的工作岗位上，充分挖掘他们的才能、调动他们的工作热情、推动他们的职业生涯发展；另一方面，可以根据绩效考核结果对高校行政管理岗位进行优化配置，将不同岗位不同层次的人员合理配置到相对应的岗位上去，人尽其才，才尽其用。

（三）建立健全行政管理制度和信息化管理

有章可循是开展各项管理工作的重要前提，同时也是确保管理取得成效的关键。为了提高高校行政管理效率，需要构建完善的管理制度，依托制度优势开展各项行政管理工作。为此，在院校内部应针对管理人员设置值班制度、岗位责任制度、办公制度等。还应结合管理人员的工作特征，设置绩效考核制度，确保绩效考核所采取的评价指标具有代表性与科学性，并将制度落实程度纳入个人考核内容之中，与绩效联系在一起。在管理制度构建的过程中应始终坚持以人为本的工作理念，面向所有行政管理人员征集相关意见，以确保制度本身具备良好的操作性和实践性。在高校行政管理中存在着较多环节的信息沟通问题，如管理高层向基层传递信息需要经过多个层级，而基层向管理层传递信息也同样需要经过多个层级，导致信息传递效率较低，难以发挥信息的时效性。基于此，应完善高校行政管理机构，分别设置问题调查部门、意见收集部门、服务监督部门与政策编制部门等，对每个部门的职责和权利给予明确的界定，并构建监督机制，以保障行政管理工作的高效性。此外，在管理方法上，应引入信息化管理与量化管理方式，结合院校发展实际与时代发展特征，不断更新行政管理理念，引入先进的管理方式，有效提升高校行政管理的水平。随着社会经济的不断发展，市场对人才培养提出了新的要求。高校需要高度重视管理工作。当前，我国高校行政管理体制仍存在一些问题，希望每一位高校行政管理工作者都能拿出严谨与认真的态度，使教育管理工作得以完善，行政管理工作得到加强，为我国高等教育的人才培养作出积极的贡献。

（四）加强各部门的协作，增强沟通交流

行政管理应胸怀大局意识，根据高校的发展规划方针，统筹兼顾，有侧重、有目标地安排各项工作，保证学校各项工作的顺利推行。行政管理需要良好的前瞻性，不可只顾眼前利益或小集体利益，眼中要有学校这个"整体"，各部分、教学单位分工协作，并无孰轻孰重的区分。加强各部门的协作，增强沟通交流，吸纳有效建议，弥补当前工作的不足之处，提高整体行政管理水平。

高校行政管理依赖于高校行政管理信息的通畅。信息的通畅离不开有效的管理沟通。为了改善高校行政管理沟通，需要做到：第一，拓宽信息沟通渠道。人与人之间的沟通除了正式的沟通还需要非正式的沟通，有时候非正式的沟通甚至比正式的沟通更有效。高校行政管理人员应该深入研究师生员工喜爱的沟通方式，做到管理信息沟通得快捷、有效。第二，要提倡双向沟通。双向沟通是指有反馈的信息沟通，这种反馈可以进行多次，直到双方满意为止。它的优点是信息传递的准确性和接受率较高。

（五）强化行政管理人员的忧患意识

行政管理人员需要增强责任感、使命感。同时也需要具有忧患意识，增强危机感、紧迫感。忧患意识在一定程度上包含预见意识和防范意识。"祸兮福之所倚，福兮祸之所伏"。忧患意识的重要表现就是善于从看似平静的日常工作中预见危机，从有利中发现不利，准确判断，未雨绸缪，防患于未然。当前是我国高等教育的快速发展阶段，许多高校都处于转型的关键时期，行政管理人员要保持清醒的头脑，增强工作的预见性，并且做好各种应急预案。总而言之，尽管我国高等教育事业发展迅速，高校行政管理也需要迎难而上，锐意进取，不断深化教育管理体制改革；丰富行政管理人员的管理工作经验，完善行政管理工作方法，提升行政管理工作效率，为我国新时代高等教育事业发展作出应有的贡献。

（六）提升高校行政管理人员自我价值感

高校行政管理人员自我价值感的高低不仅影响其自我实现的进程、影响其自身的心理健康水平，还直接影响其工作效率和工作潜能的发挥。因此，提升高校行政管理人员的自我价值感是必要的，也是具有现实意义的。

1. 提高自我概念水平

自我概念是个体对自己的总体知觉，它包括对自己的生理自我、道德自我、心理自我、社会自我、家庭自我、自我认同、自我满意和自我行动等多维度的认知和评价。低自我价值感的高校行政管理人员应该首先学会正确地、合理地认识自我，学会欣赏自我，并诚恳地接纳自我，在工作中不断地审视自我、分析自我和探索自我。只有提高了自我概念水平，才能对自己提出合理的目标和期望，工

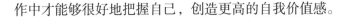

作中才能够很好地把握自己，创造更高的自我价值感。

2. 培养积极思考心态

个体思维方式的性质决定其行动能力，行动能力决定其工作效果，工作效果决定其自我评价，自我评价决定其自我价值感的高低。高校行政管理人员在开展工作的过程中，常常会遇到许多不确定的因素和不能自主的情况，这使他们在工作中产生不确定感、烦躁不安、无助感、焦虑等负面情绪。因此，工作中学会运用积极思考法，可以帮助他们发现工作中的乐趣，积极地面对工作中的挫折、压力，合理进行自我心理调节，保证愉快地开展工作，获得较好的、满意的工作绩效。

3. 提升情绪管理能力

根据相关研究，个体的情绪智力更多是指个体的情绪管理能力。个体的情绪管理能力可以反映一个人的成熟水平，情绪管理能力强的个体可以控制自己的不良情绪，在个体情绪出现波动时，可以主动调节，使其适应自己的工作和生活，或者将其对工作和生活的影响控制在最低水平。在工作过程中，无论是自身人格因素，还是工作因素，高校行政管理人员都会出现情绪波动，甚至情绪失控的情况，如果处理不当，不仅会影响他们积极地开展工作，还会影响其积极的自我价值观的形成。高校行政管理人员可以通过学习，掌握一种或几种放松技巧，帮助自己稳定情绪。通过这些情绪管理技巧或情绪管理方法，可以帮助高校行政管理人员理智地面对工作中遇到的各种情境，成功地处理工作中的难题，并能够得到别人和自己的积极肯定，有助于他们形成积极的、正向的、健康的自我价值观。

4. 规划职业生涯

合理地进行职业生涯规划，可以帮助个体有计划地进行自我实现，让个体在人生的每个阶段都可以形成自我价值感。高校行政管理人员可以根据个人的实际情况和工作任务，并结合学校的发展目标和方向，对自己的职业生涯进行规划，让自己清楚地知道每个阶段该做什么，可以检验自己每个阶段自我发展和自我完善的课题完成情况。这样他们可以在工作中完成自我实现，进行自我成长，提升自我价值感。

第四章

高校教育管理体系中的文化管理建设

第一节　文化与文化管理的内涵

大学既是文化发展的重要成果，又是文化建设的重要载体。作为人才培养的基地，大学理应发挥文化育人的作用，为中国特色社会主义事业培养建设者和接班人。作为知识的集散地和思潮的发源地，大学理应成为社会文化的风向标和引领者。在推动社会主义文化大发展大繁荣的进程中，一方面，大学要加强自身的文化建设；另一方面，要承担文化传承创新、文化辐射引领和文化服务支撑的重要使命。

一、文化

关于文化的定义有几十甚至上百种，有意思的是，虽然文化包罗万象，但不同的定义却又殊途同归地表达着文化的基本内涵，即观念形态、精神产品、生活方式，具体来说，它包括人们的世界观、思维方式、心理特征、价值观念、道德标准、认知能力，以及从形式上看是物质的东西，但透过物质形式能反映人们观念上的差异和变化的一切精神的物化产品。大学文化是大学思想、制度和精神层面的一种过程和氛围，是理想主义者的精神家园，是大学里思想启蒙、人格唤醒和心灵震撼的因素的结合体，更是知识、能力、人格的升华和结晶。大学应该让大学外的人神往，让大学内的人心情激动。大学是一个让我们永远怀念的场所。大学用人文精神培育出全面发展的优秀人才，使其成为民族复兴和文化复兴的中坚力量，大学要引领社会前进。

二、文化管理

文化管理就是"人化管理"，就是以人为根本出发点，并以实现人的价值为最终目的的尊重人性的管理。这种管理是靠管理主体与管理对象之间所形成的文化力的互动来实现的。文化管理的核心是以人为本。

学校文化管理与企业文化管理有着密切的关系，它借鉴了企业文化管理的思想，但是学校文化管理更是它自身内在文化因素发展的必然要求。因为学校本身就是一种文化存在，是一个文化实体，是以传承和创造文化为己任的，以文化为中介培养人、塑造人的机构。

学校与文化的关系是其他任何社会要素、社会组织所不可比拟的，因此在学校管理中，更应当重视文化的因素。文化管理是学校管理顺理成章、水到渠成的结果。

学校文化管理是以文化为基础，注重学校文化建设，并利用文化要素和文化资源实施调控的学校管理活动，它具有价值性、伦理性、知识性、人本化、合作性、品牌形象性、整合性等特征。

学校文化是学校的灵魂。学校文化不仅是老师的灵魂，更是学生的灵魂。学校文化建设的核心在于师生的认同，认同的关键是参与。可以说，无论是学生还是老师，如果对自己的学校文化没有清晰的认识，就像身处异国的游子，不时会产生陌生感和沮丧感，很难学有所成。

回顾改革开放以来学校管理形态的演变过程，大致分为两个阶段。

第一阶段是从改革开放到1990年前后。这一阶段的学校管理用一句话来概括，即"经验型管理"。就是说，在这一阶段，校长对学校的管理主要是凭个人的经验，起决定作用的主要是校长的主观意志及其人格魅力。在教学管理上，如果校长是业务能手、教学专家，他就办法多、措施多，学校教学质量也就提高得较快。在学生管理方面，校长有经验、有办法的，管理就井然有序，校风、学风就好，否则校风校纪就差。特别是对教职员工的管理、调动教师的积极性，几乎全凭校长的个人魅力。因此，在这一时期，学校与学校之间的差别很大。

我们现在的一些名校、非名校，究其形成原因，就是在这一时期烙下的印子。这一时期虽然也有好校长、好学校，但总体上数量不多，学校的管理水平也不高。

第二阶段是从 1990 年前后到 21 世纪初。这一阶段的学校管理也可以用一句话来概括，就是"制度型管理"。这一阶段的标志是"校长负责制，教师聘任制，结构工资制"，即所谓"三制改革"的提出和实施，其宏观背景是《教育法》《教师法》等一系列教育法律、法规的颁布与实施，随着"依法治国"理念的提出，教育也提出了依法治教、依法治校的理念，学校开始注意加强制度层面的建设，促使学校管理从经验型向制度化、规范化转化。随着国有企业改革的深入，企业管理的一些新理念引入教育系统，"论资排辈""平均主义"等老观念受到冲击。

当然，这个阶段各校的管理水平还是有差别的，但相对于第一阶段来说，差异已经小了很多。制度是一种相对稳定的形态，不因人事之变而变，一所学校，一种比较完善而可行的管理方略一旦形成，就不会轻易随着校长的变动而变动，或者因校长注意力的改变而改变。

以上两个阶段的划分是相对的。在第一阶段，学校管理不是完全没有制度保障，也不是说制度一点不起作用；在第二阶段，不是说学校管理中管理者的经验和个人魅力不重要、不起作用，这里主要是就其主导方面而言的，即在第一阶段，在学校管理中起主导作用的是管理者的经验、意志和个人魅力，而在第二阶段，起主导作用的则是制度。

很明显，通过以上的对比我们会发现，在学校管理工作中，制度比校长个人的经验、意志和人格魅力更重要，它更带有普遍性，起着更举足轻重的作用。

然而，制度是不是我们学校管理中最权威、最理想的手段呢？现在大家都在量化考核指标、细化考核内容，尽可能地完善制度，这是完全必要的，但是不管我们怎么量化、细化，制度怎么创新，总还是有一些很重要的内容是无法考核的，无法与教师的工作量及其报酬挂钩。比如说，学校的德育工作，尽管有一些内容可以量化考核，但是多数内容无法量化、很难考核。如教育学生诚实守信，这是公民很重要的素质，需要教师言传身教，花很大的精力来教育。但是，你怎么考核？再比如说，爱学生是师德的核心，教师对学生应该倾注无私的爱，特别是在学生的思想、学习、生活碰到困难受到挫折的时候，教师应该全身心地给予呵护。这一切又如何量化，如何考核，如何与教师的待遇挂钩呢？显然，制度不是万能的，制度的完善和创新还不能囊括学校管理中的所有问题，制度建设并非治校治教的"制高点"。那么，不能靠制度解决的问题，要靠什么来解决呢？靠文化，靠学校文化。也可以这样说，文化乃是学校管理的最高境界。

第二节　高校文化管理的特点与意义

一、文化管理和大学文化管理的特点

（一）文化管理的特点

1. 管理的中心是人

从科学管理以物为中心转变为文化管理以人为中心，人既是管理的出发点，又是管理的落脚点。尊重人、关心人、培养人、激励人、开发人的潜力，是文化管理的关键。

2. 管理的人性假设前提是"善"

科学管理把人看作"经济人"，以"性恶论"为哲学依据；文化管理把人看作"自我实现的人"和"观念人"，以"性善论"为哲学基础。

3. 控制方法追求主动

科学管理以外部控制为主，重奖重罚是主要手段；文化管理中心内置，依靠人文关怀等激励手段调动、激活行为主体的内在需求和动力，追求主动发展。

4. 管理重点为文治

科学管理直接管理人的行为，职工的一言一行都有制度约束，是典型的法治；文化管理严于管理人的思想（信念和价值观），间接影响人的行为，是一种新的管理方式——文治，即以文化来治理。

5. 领导者类型为育才型

在科学管理中，领导者恰如乐队指挥，属于指挥型领导；在文化管理中，领导者既是导师又是朋友，属于育才型领导。

6. 激励方式以内化为主

科学管理以外塑为主，依赖于工作的外部条件；文化管理以内在激励为主，着重满足职工的自尊和自我价值实现的需要，依赖于工作本身的魅力。

7. 管理特色具有人情味

科学管理的特色是纯理性管理，排斥感情因素；文化管理的特色是将理性与非理性相结合，是有人情味的管理。

8. 组织形式具有开放性

在科学管理中，权力结构明确，是"金字塔形"组织；在文化管理中，权力结构模糊，管理者与被管理者更为平等，是平等沟通、自我学习的学习型组织。

9. 管理手段具备"软"特征

科学管理是依靠强制性的制度和物质手段的投入；文化管理是依靠思想交流、价值观的认同、感情的互动和风气的熏陶，即依靠非强制性和非物质性手段的投入。管理由硬管理为主走向软硬结合，以软管理为主。

10. 管理者和被管理者的关系改变为同伴互助

科学管理强调了上级与下级之间的关系，管理者靠制度约束人；文化管理中管理者和被管理者是为了共同的目标而携手并进的，是合作伙伴关系。

（二）大学文化管理的特点

大学既是文化发展的重要成果，又是文化建设的重要载体，作为人才培养的基地，大学理应发挥文化育人作用，为中国特色社会主义事业培养建设者和接班人。作为知识的集散地和思潮的发源地，大学理应成为社会文化的风向标和引领者。在推动社会主义文化大发展、大繁荣的进程中，一方面，大学要加强自身的文化建设；另一方面，要承担文化传承创新、文化辐射引领和文化服务支撑的重要使命。突出"以文化人"的教化性，这是大学文化区别于其他文化形态的重要特质；注重主流价值的导向性，这是建设社会主义大学文化的必然要求；建设各具特色的大学文化，这是各个高校张扬个性，增强文化发展生命力的关键所在。

1. 教化性

大学以人才培养为天职，大学文化必须始终围绕育人这一中心任务展开。大学"以文化人"，即通过文化潜移默化地感染人、熏陶人、教化人，从而达到情感陶冶、思想感化、价值认同、行为养成的功效。按照马克思主义的观点，教育的目的是促进人的全面发展，大学文化育人的过程实际上就是塑造健全人格、开发智力潜能、丰富生命内涵，使受教育者得到自由、全面、完整发展的过程。

2. 导向性

文化并非一个中性的概念，其本身具有鲜明的价值取向。当今社会呈现出多元思想文化相互交织、相互激荡的格局，需要一个占主导、支配地位的价值观来引领大学文化建设。在大学文化建设中，必须坚持以马克思主义为指导，坚持不懈地用中国特色社会主义理论体系教育师生，推动中国特色社会主义理论体系进教材、进课堂、进头脑；加强理想信念教育，弘扬以爱国主义为核心的民族精神和以改革创新为核心的时代精神；深入开展社会主义荣辱观教育和社会主义核心价值体系建设，全面加强学校思想道德体系建设。

3. 独特性

有个性才有魅力，特色鲜明的大学文化才是有生命力的文化。虽然大学精神具有探索真理、崇尚学术、传承文化等共性追求，但各个高校文化传统、类型风格各异，社会对大学的需求多样化，因此，必须建设和发展各具个性的大学文化，营造不同类型、不同层次、不同风格的大学文化形态，形成异彩纷呈、和谐互补的整体大学文化格局。多年来，我国不少高校办学定位趋同、办学理念雷同，导致大学文化建设缺乏个性，存在着同质化的倾向，这从反映大学精神文化精髓的校训表述中就可以看出，"求是""创新""厚德"等成为高频词。

二、大学文化管理的意义

文化，是一种历久的精神创造活动及其成果。对于一个民族来说，文化是民族之根；对于一个国家来说，文化是国家之魂。可以看到，遍布海内外的中华民族子孙，尽管多少年来可能居住环境不同、生活习惯不同，但还是要年年回国，就是因为有文化这条根、这个魂。

纵观学校发展的历史，正经历着从经验管理、制度管理（科学管理）向文化管理转型。学校文化管理是一种新型的、更高级的管理形态，是学校经验管理、制度管理（科学管理）的总结和升华，是管理内容的回归，是与知识经济时代相适应的学校新的管理方式。作为学校管理者，构建文化校园，积极推进学校文化管理具有极其重要而深远的意义。

随着社会主义市场经济体制的建立和完善，学校建设中也逐渐引入了市场力量，学校之间的竞争在逐渐地加剧。学校要在竞争中处于优势地位，必须具备某种核心能力，充分发挥文化传承创新功能、文化辐射引领功能和文化服务支撑功能，对学校的发展具有深远的影响。文化对学校和人的发展存在的影响可以从深、广、远、忧四种状况来理解。

（1）深：学校文化管理是一种内隐的、深层次的、无形的力量，这种力量决定着学校的改革、发展和成败。文化是根、是魂、是格、是力。学校文化具有导向功能、提升功能、凝聚功能、激励功能和稳定功能，为学校的发展带来动力。

（2）广：文化无处不存在、无人不显示、无事不体现，弥漫在整个学校的全部生活之中，甚至影响到社区文化和城市文化。

（3）远：与生俱在、与校共存、与人同享，学生时代有幸受到先进学校文化的熏陶会一辈子回味无穷、受用不尽。毛泽东同志在湘潭师范学校从师，周恩来同志在南开校园内发出"为中华之崛起而读书"的誓言，是校园文化环境成就了他们思想的精髓。

（4）忧：中国已进入压力社会和消费社会，市场经济急剧发展，竞争空前激烈。社会财富增加，但文化价值导向滞后，传统优秀文化失落。先进学校文化建设是学校优质发展的根本，没有文化的学校是另类的薄弱学校。因此，只有学校的不同追求、不同理想、不同价值取向以及由此形成的不同管理风格、工作方式和生活方式，才是一所学校区别于其他学校的根本原因。

大学文化的内部功能主要表现为教化育人，大学文化的外部功能则包括文化的传承与创新、传播与辐射、示范与引领、服务与支撑诸多方面。国家提出的深化文化体制改革、建设社会主义文化强国的目标，也给大学发挥文化功能提出了更高的要求。大学在服务文化发展、促进文化繁荣方面重任在肩、大有可为。

（一）文化传承创新功能

大学，作为一种特殊的教育机构，不仅承担着传授知识的职责，更是文化传承与创新的重要场所；既是知识的殿堂，也是文化的熔炉，肩负着将人类文明的火种传递下去的神圣使命。在这个过程中，大学通过教育和研究活动，将人类历史长河中积累的宝贵文化遗产，一代代地传递下去，确保这些知识和智慧不会随着时间的流逝而消失。

然而，大学的角色并不仅是保存和传承。它还必须在继承的基础上进行创新，因为创新是推动社会前进的重要动力。大学通过批判性地审视传统知识，去除其中的糟粕，保留并发扬其精华部分，进而创造出新的知识体系和思想理论。这种创新不是凭空产生的，而是在深厚的文化积淀之上，通过不断地探索和实践，形成新的见解和理论。

大学是新知识、新思想、新理论的孵化器，它通过教育和研究活动，将民族的优秀文化传统与世界各民族的进步文化成果相结合，创造出符合时代要求的先进文化。这种文化的创新和发展，不仅丰富了人类精神文化的内涵，也为人类智慧的宝库增添了新的财富，从而推动了整个社会文明的进步和发展。

（二）文化辐射引领功能

大学既是社会文化的组成部分，受到社会文化的影响，同时又以其自身的优势深刻影响着社会文化。大学是研究高深学问、探索真理的知识殿堂，也是高学历、高层次人才相对集中的地方，承担着影响、辐射、引领社会文化的功能。大学文化通过价值判断引领社会的文化选择，通过升华大众文化、超越流行文化、抵制腐朽文化、彰显高雅文化、强化主流文化，对社会文化起着积极的辐射和示范作用，引领社会文化向着健康方向、更高层次发展。从历史上看，大学一直是各种新思想、新理论的发源地，是各类思潮和运动的策源地，历来领文化风气之先。在历史的转折关口，往往是大学率先高擎时代的火炬，大学文化对整体文化质态的建构和文化精神的塑造具有辐射、提升、示范和引领作用。

（三）文化服务支撑功能

大学不仅以独特的大学文化影响社会文化，更以培养的大批人才去带动社会文化的发展，通过科学研究和直接的社会服务，推动社会文化的进程。在新的历史条件下，高校要充分发挥文化建设的人才库、智囊团和思想库作用，提升服务社会主义文化发展的意识和能力，为发展文化事业、文化产业及深化文化体制改革输送优秀人才、提供智力支持。高校应加强文化领域的专业建设，增加优秀传统文化课程内容，建设优秀传统文化教学研究基地，为社会输送大批高质量的优秀专业人才；应加强文化领域的学术研究，繁荣发展哲学社会科学，不断推出理论研究和文化创作的精品力作；应积极参与构建有利于文化繁荣发展的体制机制，拓展为发展文化事业和文化产业及深化文化体制改革服务的渠道，壮大文化志愿者队伍，开展各类群众性精神文明创建活动；应积极搭建国际文化交流平台，推动文化"请进来"和"走出去"，为提升国家文化软实力、增强国际话语权作出应有的贡献。

第三节　高校文化管理的构建

一、高校文化素质教育的管理现状

目前，我国高校文化素质教育管理机构有以下几种建制：一是管理机构附设在教务处，人员和业务归口于教务处；二是全部归口于学工部门，人员和业务直接设置在学工部下面；三是成立专门的常设机构，直接隶属于学校领导；四是成立学院负责文化素质教育工作的机构，如复旦大学的复旦学院、北京大学的元培学院、浙江大学的本科生院、宁波大学的阳明学院、山东理工大学的一年级工作部等。

相对于管理机构的多样化，目前我国文化素质教育的课程设置与实施方式也丰富多彩。主要有四种形式：一是建立课程系列，推荐必读书目；二是建立模块课程选修制；三是推行课程套餐制；四是结合欧美的通识教育形式、经验与内

容，成立文理学院（通识教育学院或本科生院）。

迄今为止，大学生文化素质教育尚未建立一套切实可行、可以推广的评价体系。21 世纪初，教育部高等学校文化素质教育指导委员会曾经建立了一套针对设置大学生文化素质教育基地的高校基地评价指标，但是其评估对象是学生文化素质教育基地，而不是对教育的成效进行评价。

总体来看，目前高校文化素质教育管理存在的问题主要有四个。其一，管理机构条块交叉。各高校虽然在机构设置上都体现了对大学生文化素质教育的重视，但在具体工作中却存在一定的差别。由于不同的体制与机构有着不同的工作范围、责任定位、职能效力与资源配置，所以其工作绩效或者说机构的工作能力也不同。其二，课程设置与实施方式随意性大。目前的课程设置基本上是从学校和教师的角度出发，较少考虑学生的实际期望，因而难免有些课程学生不感兴趣，也难免有价值不大的课程混杂其中，在课程的构成上科学论证不足，"拼盘"现象明显。在调查一些学校的文化素质教育课程时发现，课程不同程度地存在种类不合理、内容过于偏向应用型、领域划分普遍缺乏明确标准等问题，特别是普遍地忽略了最基本的公民素质的培养，道德伦理和社会分析类、科学类课程开设不足，对课程比例的合理性缺乏深入的探讨。其三，课程内容存在知识化倾向。高校大多以掌握知识的量来考虑课程的价值，以知识体系的选择来代替课程体系的设计，造成了知识量太大而课时有限的困境。其四，评价体系不完善。现有的以学校为单位的评价体系存在各自为政、各有侧重的特点，尤其受到行政力量与个人好恶以及传统思维的影响。

二、学校文化管理的构建

针对高校文化素质教育管理存在的问题，怎样致力于学校文化建设？相对于学校硬环境建设和制度建设，学校文化建设具有看不见、摸不着的隐性特点，需要我们做出更大、更长期的努力。

学校文化与制度管理有机统一、互为补充。做管理工作最终的落脚点是人的思想问题。严格管理的规范的制度能否落实到位，取决于人的思想高度和认识程度。学校文化必将为制度管理提供一个人文环境。

可以说，文化与制度的关系一如道德与法律，学校文化是学校制度的有益补充，两者相互统一。总之，学校文化的出现和完善不仅是学校发展的必然，也将是传统教育方式向素质教育方式转变的必由之路。这种文化又是人的文化，是以人为本的文化，突出"人文""人本""人情""人性""人权"在管理中的作用，从而形成一个强大的"磁场"。它是弥漫在空气中的一种精神存在，在每一位师生的呼吸吐纳中化为一种气质、一份修养，或见于谈吐，或形于笔端，形成学校管理的文化，即所谓的管理文化。校园文化建设在学校管理中的作用按其不同层次来划分，主要表现在以下几个方面。

第一，用物质文化陶冶人。校园物质文化是校园的外显文化，是以某种文字符号为载体，将校园精神显现于校园的各种标记物之中，如校服、校歌、校刊校报、雕塑、学校建筑、艺术节、文化墙、名言警句等，它是校园思想文化建设的前提和条件，是思想文化、制度文化赖以生存发展的基础和载体，有利于陶冶师生的情操。优美的校园环境有着春风化雨、润物无声的作用，如诗如画的校园风光、干净整洁的校园环境、美观科学的教室布置、文明健康的文化教育设施……无不给学生以巨大的精神力量；学生在优美的校园环境中受到感染和熏陶，触景生情、因美生爱，从而激发学生爱学校、爱老师、爱同学、爱家乡、爱祖国的高尚情操；学生在幽静的环境中学习，感到心旷神怡，从而增强环境保护意识。所有这些都有利于学生形成正确的世界观、人生观、价值观。

第二，用制度文化规范人。校园制度文化是指校园人在交往过程中缔结的社会关系以及用于调控这些关系的规范体系，是校园一切活动的准则，它包括相关的法律法规、学校管理体制和规章制度组织机构及其运行机制、特定的行为规范等。校园制度文化从根本上决定着校园的正常运行和创新发展，是校园思想文化的保证。建立和健全学校规章制度、塑造良好的校园制度文化，是校园文化建设的重要内容，也是提高学校有效执行力的重要保障。制度文化以其导向性与规范性、稳定性与发展性、科学性与教育性的特征彰显校园文化。

第三，用思想文化凝聚人。校园思想文化是指学校在长期办学过程中形成的一种学校意识和文化观念，它是一种深层次的校园文化，是校园文化的灵魂，主要体现在班风、校风的建设上。班风、校风看不见、摸不着，但它渗透表现在校园内多种文化载体及其行为主体身上，让人时时处处切实感受到它独特的感染力、凝聚力、震撼力。置身其中，受教育者无须接受教育者更多的说教便会自然而然地、不知不觉地感悟它对心灵的净化和情感的熏陶。校园思想文化是校园的内隐文化，是校园文化的深层内涵，是在长期的校园物质文化、校园制度文化和校园行为文化的建设过程中积淀、整合、提炼出来的，反映学校广大师生员工共同的理想目标、文化传统、学术风范和行为准则的价值观念体系，难以用文字、符号表达出来。校园思想文化是一所学校整体面貌、水平、特色、凝聚力、感召力和生命力的体现。

校园思想文化作为一种强大的教育力量，对广大师生的健康成长有着巨大的影响：一是导向功能，即指导个人正确认识和处理个人与学校组织的关系，把个人行为引导到学校组织目标上来，使他们向着学校期望的方向发展；二是凝聚功能，即思想文化起着心灵黏合剂的作用，它把各个方面、各个层次的人都聚合到一起，使师生员工对学校产生一种使命感、自豪感、归属感，形成强烈的向心力、凝聚力和群体意识；三是激励功能，即思想文化往往能产生一种激励机制，激起校园人的积极性、主动性与创造性，使学校成员保持高昂的情绪和奋进精神，获得各种精神需求的满足；四是控制功能，即思想文化具有强大的心理制约力量，使校园人接受必要的约束、个体行为符合共同的准则；五是辐射功能，即校园思想文化以其独特的方式，在向师生教育、影响的同时，也对周边及社会产生影响。

学校文化与制度管理具体包括校长文化管理、教师文化管理、学生文化管理、物质文化管理和精神文化管理五个方面。此外，还有教室文化管理、教研组文化管理、宿舍文化管理、食堂文化管理等。

（一）校长文化管理及其构建

1. 校长文化

校长文化是植根于现代社会分工的职业文化，它是校长世界观、人生观、价值观在职业实践中的系统反映，其核心内涵是教育理念。校长文化是校长视野的综合体，校长文化可解读为"在学校文化进程中所折射出的校长独有的精神追求和职业特征"。校长是学校文化的代表，校长的教育思想、思维方式、行为方式要能够体现学校文化的整体要求，其自身的品格、风范、修养也应成为师生的楷模。

校长文化"魂"的作用统领着教师文化和学生文化的生成与进步，而学生文化、教师文化又以其反作用促进着校长文化的成熟，并以此推动着学校文化的发展方向，影响着育人取向文化及品牌的树立。

（1）校长文化具有鲜明的职业特征。学校是工业经济时代的产物，但校长文化的渊源却相当久远，自有教育以来，教育观便成为哺育校长文化的源头。对教育适应主流社会的认识、对学校功能的理解、对学校育人取向的传承、对校长社会责任的思考都是校长文化的动态内涵。教育和发展是一个漫长的历史过程，校长文化的内涵也必然在不断继承中更新发展、在创新中趋于完美。

（2）校长文化具有时代创造性。校长文化的形成，是一个动态的发展过程，也必须与时俱进。创新是时代发展的客观要求，从基层教育者到校长岗位，从职务到职业，从管理者到经营者，从知识育人到文化管人，都反映出校长的教育观在不断更新，都是对校长文化适应时代创新性的客观要求。旧的观念、旧的知识只能代表过去的认识，校长文化的时代性要求校长更新观念、创新概念，给发展变化的教育实践以全新的解读。

（3）校长文化要体现主流文化。不同的民族历史、不同的社会制度、不同的地理环境和教育发展的不平衡性造成了多元的校长文化。新文化运动前期要求校长爱国、爱科学；现代社会要求校长创造优质的学术氛围和环境，但无论是过去还是现在，尺子只有一个，即培养了多少有用的人才。校长文化修养既体现了主流社会文化者的素质，又是文化人的典型代表。

2. 在文化管理中校长应做事项

（1）发挥自身的影响力。我国教育家陶行知说："校长是一个学校的灵魂。"这种"灵魂"效应集中体现在校长的形象与行为之中，它是无形的命令，是校长治校育人的信誉，是一种征服人心的力量。

①要把办好一所学校、带出一支队伍作为一项事业来追求，并且始终坚持不懈、保持乐观、充满热情、全身心投入。②要保持自信、果断、创造性的工作

作风，不管在什么时候，遇到什么问题都应该努力保持镇定、清醒，给教师以信心、信念和精神支持，做到"每临大事有静气"，并时刻饱含生活的朝气、工作的热情。同时，校长要有创新意识和创新精神，力求自己做到"三性"，即站位高瞻性、思路长远性、实施创造性。③要本着可靠、诚信的待人原则，努力做到真情沟通和热情关注。通过真诚的沟通，双方心灵交流、彼此认可，产生心理认同；通过热情的关注，为每一位教师创造发展的条件、搭设成长的平台，让教师在对领导的信任与信赖中找到归属感，成就自己的人生追求。④要有顽强的性格和执着的追求。学校在发展进程中会遇到这样或那样的问题，甚至会遇到阻力；自己在事业追求中、在人生拼搏中会遇到很多挫折，关键是在于我们如何自我把握与控制、自我完善与发展，在荆棘中前行、在困难中突破、在超越中提升。

（2）发挥情感的亲和力。人是生活在社会中的，每个人都会有自发地融入某个适应自己的环境和群体中去的愿望，在这个群体中，人格被尊重、劳动得到承认、需要得到满足。

①对下属应平易会心，态度诚恳，发自内心。②要合理下放权力，充满信任；正确评价；施加恰当的压力，体现关注；勇于承担责任，表明爱护。③要做到心态及时调整，问题及时发现，赞赏及时予人，感动及时传递，真诚及时付出，其核心是"真实"和"公正"，要让每一位教师都在我们的精心培养之中、热心关注之下。

（3）发挥激励的感召力。有效地运用激励手段可以最大限度地调动教职工的积极性，充分挖掘教职工的潜力。对教师的激励可以分为物质激励和精神激励两个方面，而精神的有效激励在很大程度上更能发挥作用。激励不单是对某个教师，有时也是对整个教师群体，或通过对个体的激励带动群体发展，发挥激励的感召力，实现激励效能的最大化。

①重培养和使用。这种信任、允许失误、帮助指导本身对教职工就是一种激励，是尊重激励、是信任激励、是满足渴求发展的激励。

②要充分激发教职工的激情。教育是激情的教育，只有干部教师对教育事业充满激情，才有对孩子的关爱及孩子的激情；只有在激情中，才能点燃教师工作的热情，迸发创新的火花，共同完成历史赋予我们的重任。

（4）发挥团队的凝聚力。美国著名的管理学家彼得·圣吉（Peter M.Senge）在《第五项修炼》一书中对团队的描述是这样的：组织内成员得以不断扩展、创造未来的能量，培养全新、全瞻而开阔的思维方式，全力实现共同的愿景，既有和谐的氛围，又有积极向上的工作热情和精神，形成一种浓厚的组织文化。作为校长，要把构建团队，发挥团队的凝聚力，实现"2+2＞4"的管理效能作为管理目标，矢志追求。创设一种氛围，即在学习中提高、在实践中成长、在反思中完善，使每一位教职工都成为学校的主人，自觉关注学校发展，并为之付出创造性的劳动和不懈的努力。

（二）教师文化管理及其构建

1. 教师文化

从静态来看，教师文化就是教师群体在长期的教育教学实践中形成的教育思想、教育信念、职业情操、文化素质、品格修养以及教师角色认同等精神因素的总称，其核心是教育教学价值观；从动态来看，教师文化就是教师在教育教学活动中表现出来的习性、习惯、思维与行为方式，其核心则是行为方式。前者主要体现在教师的身份文化之中，后者则主要表现在教师的形象文化和交往文化之中。教师文化是教师群体推崇的潜规则，教师要导航班级文化和学生文化，需要在从事教育教学活动的过程中形成释放教师能量的潜规则。

2. 在文化管理中教师应该做到以下几点

在教师角色文化上，要从"工具人"转变为"文化人"。教师应该是有一定的教育思想、教育价值的投影和折射的角色；在教师形象文化上，从外在形象而言，要从刻板划一转变为个性多样，男教师是绅士，女教师具备淑女风范；就内在形象而言，要从浅薄无力转变为博学多能；在教师交往文化上，要从封闭疏离转变为和谐协作；提高自己的专业素养和师德水平，面向全体学生，促进学生全面发展。

3. 构建教师文化管理

教师要发展，就必须有规划，引导教师制订个人发展计划是促进教师朝着目标前进的动力。对专业发展，教师应当有自己规划的权利，教师可以根据自己的追求，设计自我发展的方向，追求自我价值的实现。学校要帮助每一位教师实现自身价值，做到对教师自我发展规划、自身的目标定位充分尊重，鼓励教师大胆规划、追求个性，帮助教师通过不断学习探索来拓展自己的专业内涵，提高专业水平。同时，要建立激励机制、成长机制，引发教师对教育工作的认识，激发教师工作的热情，使教师有一种工作的成就感，激励教师走向教育的成功。

（1）营造教师文化。在学校管理中充满人文关怀，使管理充满魅力，最大限度地去满足教师的需要，让每位教师都能感受到人文关怀，而这种关怀，又成为连接学校、管理者与教师的情感纽带。人文关怀让文化管理营造出一种融洽的人际关系，使教师之间互相帮助、互相尊重、团结合作，形成良好的教学氛围和工作环境，教师在这种氛围中快乐地、幸福地、创造性地工作着，勃发的工作热情使他们不断萌生新的工作需求和意识，从而在这块充满关怀的教育热土上播撒希望的种子。

（2）关注细节文化。老子说："天下难事，必作于易；天下大事，必作于细。"这句话阐述了细节的重要性，它告诉我们想成大事者，就必须从身边的小事、细节做起。当校长为师生搭建起自主成长的平台时，每一个细节都会点燃教师蕴含在心底的成长激情，使他干劲十足；每一个细节都会促进教师自己致力于寻求学机，追求专业发展的最新动向，在自己的事业中开拓进取。

（3）关注课堂文化。教育是文化传递和文化传播的过程，学校本身就是文化阵地，学校文化建设和通过文化建设形成特色已经成为校长的使命。学校文化建设关乎学生能否成为自己的主人，其目的和本质就是学生的健康和谐发展，它必然要积淀并呈现于学生的身心发展之中。学生最美好的青春年华都是在课堂学习中度过的，我们应该将学校文化浓缩为课堂文化，并在学生身上逐渐积淀起来。

①课堂教学目标应确定为树立"以生为本"的教育观念。一切为了学生的发展，承认学生个性差异，相信学生都存在发展潜能，因材施教，积极创造和提供满足不同学生学习成长的条件，在学生非智力因素的开发上下功夫，激发学生学习兴趣，培养学生良好的学习方式和学习习惯，增强学生学习上进的责任感和

使命感，培养学生的创新精神和实践能力，将学生的发展作为教学活动的出发点和归宿。

②教师要树立三个教学观。即"教是为了不用教"的教学目的观；"让学生学会更要让学生会学"的教学功能观；"只有不会教的教师，没有学不会的学生"的学生观，把全面提高学生的各方面素质作为教育的根本出发点和归宿，把素质教育落实在学科教学中，使课堂教学真正成为学校实施素质教育的主渠道、主阵地。

③教师应该是学校文化建设的主力军。文化充盈于课堂上、渗透在师生间，课堂本身是一种营造学校文化的环境，在这种环境中，每一个成员都扮演一定的角色、遵守一定的规范，确立共同追求的愿景，形成一定相互影响的氛围。只有在课堂上，课程改革的理念才能得到渗透、内化；只有在课堂上，学校的办学思想和价值观念才能逐渐转化为学生成长和发展的因子；只有通过课堂文化的熏陶和感染，学生的心智才能得到发展、个性才能得到张扬、观念才能得到提升、情操才能得到陶冶；只有通过课堂，学生才能把知识、能力、情感、价值观加以内化，继而外化为优秀的学业，良好的品质，积极的情感，日趋成熟的人生观、价值观和世界观。

毋庸置疑，课堂文化是学校文化建设中追求的最高境界，更是提升学校文化建设的必由之路。教师作为一切课堂教学活动的主体，应该积极主动地营造平等、尊重、民主、生动、和谐、生成的课堂文化，不断地把学校文化转化为自己的教学行为和学生的学习行动，在课堂上实现教师的价值、展现教学的活力、积淀学校的文化、增强学生的"文化适应"。教师要引导学生通过主动学习、合作学习、体验学习、探究学习，建构知识、提高能力、形成观念、提升品质、完善人格、积淀文化。只有这样，才能使课堂成为学校文化的活水之源。

（三）学生文化管理及其构建

1. 学生文化

学生文化是指全体同学在学习、生活和工作中所共同拥有的价值观和文化取向。一方面，表现为与成人相异的一些价值观念和行为方式，反映出其要求自

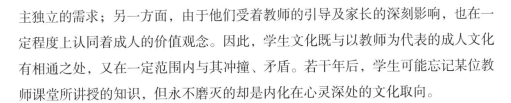

主独立的需求；另一方面，由于他们受着教师的引导及家长的深刻影响，也在一定程度上认同着成人的价值观念。因此，学生文化既与以教师为代表的成人文化有相通之处，又在一定范围内与其冲撞、矛盾。若干年后，学生可能忘记某位教师课堂所讲授的知识，但永不磨灭的却是内化在心灵深处的文化取向。

2. 在文化管理中学生应做到以下几点

在学校德育序列活动中自觉接受理想前途教育、艰苦奋斗教育、集体主义教育、伦理道德教育、传统文化教育；形成从"要我学"到"我要学"的转变，提高学习效率；强化民主、自信、自尊、自立、自强、合作、和谐等社会主义核心价值观，激发自己潜在的学习动力；积极参与学校组织的各项活动，实现自我个性发展。

3. 构建学生文化管理

坚持每个学生都有潜力可以发掘的观点，在实施素质教育的过程中，更多地关注学生的可持续发展，努力寻找突破口，不断地进行探索，促进学生个性发展，培养学生科技、传统文化、体育、艺术等方面的素养，形成办学特色。实施素质教育应包括以下几个方面。

（1）科学技术教育。以人为本，立足发展，着眼整体，以全校师生为主体，努力打造科技特色，使学生的科学素养得到充分的提高。

①科学素养的培养。在学科知识的传授过程中贯穿科学素养的培养。教学中，教师要激励学生充分发挥想象力和主观能动性，独立思考，大胆探索，学会发现隐含于问题背景后的科学知识，形成独立解决问题的技能、自主学习的能力。在探究活动中培养科学素养。着力通过多种途径培养学生的探究能力，激发学生对科学的兴趣，形成科学的态度和探究的能力，以期达到对学生多种心理机能和学习的综合性智能的发展。在科学实验过程中培养学生的科学素养。在课堂教学中，通过实验培养学生观察和实验的能力，使其从中学会以实事求是的态度面对科学，体会科学研究的一般方法，并从学生间的团结协作中感受成功的快乐。借助实验，培养学生的科学意识，让他们学会从身边的现象和学过的知识着手，发现问题，寻找规律。

②开展科普活动。定期开展各种科普活动。从培养"小发明""小创造""小

改进"入手，开设科普讲座、科学家事迹展、小发明小创造活动周、科学知识竞赛、科学墙报等，开辟小小科技角、科学小沙龙、课外科学活动兴趣小组等小社团，让学生置身科学的海洋，看一看、做一做、玩一玩、想一想，从中学到知识，在潜移默化中接受科学的熏陶，培养科学的素养。

③开展社会实践活动。开展参观和体验社会实践活动，让学生亲身感受科技对工农业生产和日常生活的影响，从而感受社会的进步和科技的发展。比如参观工厂、农村的种植大棚、生态产业园区、高新科技园等。

④利用各种媒体途径。当今社会是信息化高度发展的社会，网络、电视、报纸、杂志等也成为信息传递的主要工具。

（2）传统文化教育。将传统文化教育作为学生必修课程，纳入学校校本课程开发的重要内容，通过开设传统文化教育课，学生可以了解中国传统文化历史，学习传统文化知识，领悟传统文化精华，弘扬传统美德，激励传统民族精神，成为有理想、有道德、有文化、有纪律的新型人才。

①开展读书活动。通过读书活动的开展，学生可以了解中国博大精深的传统文化，加强学生意志教育，培养他们在逆境中求生存、求发展的能力，培养他们百折不挠、顽强坚定、奋发进取的意志品质。

②开展社会实践探究活动。开展社会实践探究活动，让学生认识到文化遗产的保护与传承意义重大。如开展家乡古遗址探究、清明扫墓、端午悼念爱国先人、中秋合家团圆、重阳登高等活动。

③营造舆论环境。营造中国传统文化的社会舆论环境，努力拓展传统文化的舆论空间，在校园设置标语、图片、宣传画等载体，展示中国传统文化，让广大师生生活在传统文化的氛围中，接受传统文化的教育。通过设专栏、办专刊，介绍中国传统文化，开展传统文化研讨活动，加大宣传力度，形成舆论环境；进一步加强对我国非物质文化遗产的保护和宣传，培养弘扬传统文化的社会风气和良好习惯。

④在学科教学中渗透传统文化教育。以传统文化丰富历史与社会学科教学内容，增强学生学习趣味，提高学科整体效益，使传统文化教育得以渗透落实。在历史与社会学科教学中引入地方课程资源，激活学生思维，激发学生兴趣，营

造生动活泼的教学氛围；在学科教学中充分利用地方课程资源，培养学生的社会实践能力、健康向上的人生观和爱国主义情感，让学生了解家乡、热爱家乡，从而建设家乡，让优秀的传统文化得以传承并发扬光大，真正发挥它应有的作用。

（3）体教结合。力求通过体教结合的实践改革，提升学生的生命质量，打破传统的精英主义思想和过于狭窄的升学取向的课程定位，构建满足不同学生多样化发展需要、学业与成长同步发展的一体化教育教学管理机制，让每一位学生都体会到成长的快乐，在快乐中成长。

（四）物质文化管理及其构建

1. 物质文化

在校园文化建设中，精神文化是目的，物质文化是实现目的的途径和载体，是推进学校文化建设的必要前提；物质文化建设是校园文化建设的重要组成部分和重要支撑。校园物质文化，属于校园文化的硬件，是看得见、摸得着的东西。校园物质文化的每一个实体，以及各实体之间结构的关系，无不反映了某种教育价值观。

完善的校园设施将为师生员工开展丰富多彩的寓教于文、寓教于乐的教育活动提供重要的阵地，使师生员工教有其所、学有其所、乐有其所，在求知、求美、求乐中受到潜移默化的启迪和教育。完善的设施、合理的布局、各具特色的建筑和场所将使人心旷神怡、赏心悦目，将有助于陶冶校园人的情操、塑造校园人的美好心灵、激发校园人的开拓进取精神、约束校园人的不良风气和行为、促进校园人的身心健康发展。

物质文化是指学校建筑、设备设施、绿化美化等学校硬件以及表现学校精神文化的雕塑、标语、校刊、校报、橱窗、板报等，它是学校中"人"的活动所创造的，体现着一种精神价值的物质结构，这些物质形式是学校价值的客观反映。静态的校园文化是一首无声的歌、无言的诗，无论是学校的长廊还是绿树花墙，都应以反映现实为目的，绘上时代的色彩。

2. 构建物质文化管理的三种载体

（1）环境载体。包括校园设计、景观建筑。

（2）理念载体。体现学校的育人取向，是校长教育哲学思想的结晶，它表现在校训、校歌、校徽、教育理念、育人目标、价值追求等层面。

（3）活动载体。是动态的校园文化，包括校庆、纪念日、班（团、队）会、升旗仪式、艺术节、运动会、兴趣小组、科技活动等。

3. 构建物质文化管理的校园文化设施建设

改造和建设各种文化设施和设备，努力提高校园文化层次，为深入开展校园文化建设创造有利的条件。

加快学校设施、设备的现代化进程，大力改善办学条件，落实校园网络建设和现代化办公条件，充分利用计算机网络系统、校园广播系统、电子阅览室系统等为教育教学服务；营造自然景观、人文景观和谐交融的校园物质文化，彰显学校的文化底蕴，建设富有特色的校园环境，根据校园建设的整体规划，保留或者统筹学校人文景观的设点布局；装修教师办公楼，增设楼层卫生间；设立教师文化休闲活动中心及体育健身活动中心，改善教师办公、休闲、健身娱乐的环境；完善校园图书、照片、录像、课件等资源库的建设与应用，逐步推动无纸化校园办公自动化的进程，在学校原有的特色和长期积淀形成的基础上挖掘、深化。

（五）精神文化管理及其构建

1. 精神文化

精神文化是指学校在教育教学过程中，受一定社会文化背景的长期影响而形成的一种精神成果和文化观念，它是更深层次的文化，在学校文化中处于核心地位。它由学校的历史、传统、文化和学校领导者的管理哲学共同孕育，集中体现着学校独特的、鲜明的经营思想和个性风格，反映着学校的信念和追求，是学校群体意识的集中体现。精神文化包括学校哲学、学校精神、学校道德、学校价值观念等。

校园精神文化建设是校园文化建设的核心内容，也是校园文化的最高层次，它主要包括校园历史传统和被全体师生员工认同的共同的文化观念、价值观念、生活观念等意识，是一个学校本质、个性、精神面貌的集中反映。校园精神文又被称作为"学校精神"并具体体现在校风、教风、学风、班风和学校人际关系上。

2. 构建精神文化管理应做到以下几点

用学校哲学处理好学校中人（教师）与人（学生）、人与物、人与教学规律及社会发展规律的关系问题；努力构建学校的价值观念、发展目标、服务方针、办学理念和办学特色等；加强班级文化建设。班级文化以班级的荣誉感和学生的归属感为核心，以同学关系为纽带，以班级活动为载体，它是学生对学校文化、教师文化的引领加以内化而形成的一种共同的行为。自主管理是班级制度文化建设的最高境界。

3. 构建精神文化管理

融入时代，开展丰富、生动的校园文化活动；利用校园平面、数字等信息及工具，充分发挥它们传播文化信息、关注社会热点、宣传校园生活、弘扬民族文化的功能，营造良好的校园文化氛围；优化校园的人际心理环境，在人本管理、人文关怀的思想指导下，营造宽松和谐、诚信务实、公平竞争、积极合作的人际关系，组织丰富多彩的师生员工活动，包括学术、科技、文艺、体育、辩论、演讲、社会考察等，实现人际语言、行为和心灵的净化和美化，不断提高学校整体精神的凝聚力；加强校园信息化建设，增加图书种类和数量，创设阅读环境，开展读书活动，拓展学习研究功能，满足师生求知的需求；营造校园学术探究的氛围，围绕"科研兴校、科研兴教"的基本方略，学会对环境需求做出科学的分析和反应，搭建学术平台，开展学术交流，活跃学术氛围，鼓励创新，求同存异，使学校得以可持续发展。

（六）制度文化管理及其构建

1. 制度文化

校园制度文化作为校园文化的内在机制，包括学校的各种规章、条令、程序所组成的条文及其执行系统、行为模式，是维系学校正常秩序必不可少的保障机制，是校园文化建设的保障系统。它为人们提供了行为框架，使所有人在这个架构内有序地工作与生活，与其他人和谐相处，从而保证学校工作卓有成效地运转。

制度文化的实质，是强调以人为本的思想与科学管理的手段相结合，建立以发展人的主体性、促进人的全面和谐发展、提升人的生命价值为根本目的。制度文化关系到学校的办学目标、办学理念、发展定位、实施策略、传统特色等。

"没有规矩，不成方圆"，只有建立起完整的规章制度，规范了师生的行为，才有可能建立起良好的校风，才能保证校园各方面工作和活动的开展与落实。但仅有完整的规章制度是远远不够的，还必须有负责执行和落实各项规章制度的组织机构和队伍。因此，还必须加强相应的组织机构建设和队伍建设。也就是说，制度文化建设实际上包括制度建设、组织机构建设和队伍建设三个方面，组织机构建设和队伍建设是确保制度建设落到实处，并使其真正起到规范校园人言行的关键环节，校园文化组织机构的健全和完善、校园文化队伍的勤奋与能干，对正常开展校园文化活动、加强校园文化建设具有十分重要的、决定性的作用。

2. 构建制度文化管理应遵循的原则

要遵循人的发展规律，人是管理的起点，也是管理的终点；要遵循文化管理的特点（以"软"管理为精髓），倡导精神立校。制度管理的主要功能是关注人、发展人；要遵循追求价值整合的规律，把行为个体的价值放在最重要的地位，充分尊重、信赖、依靠、激励全体师生；要遵循制度创新的原则，既要充分发挥"科学管理"中制度的"刚性"作用，又要发挥文化管理中的"柔性"作用。

3. 构建制度文化管理

（1）建立民主、科学的管理机制。以有序、激活、创新为治校方略，进一步理顺学校内部的管理体系；认真贯彻落实校务公开制度，积极推行和完善民主管理制度。学校财务、教师评优等做到公正、公平、公开，增加办事透明度，自觉接受群众和舆论监督。党、政、工各司其职，通力合作，确保学校管理向着科学、民主、高效、和谐的方向发展；完善学校干部制度，坚持过程管理与目标考核相结合，加强对班子成员工作职能的评价与考核，建立对学校安全等工作的警示制和校长、分管领导责任追究制，逐步建立起"能上能下，能进能出"的干部动态管理机制，为后备干部的选拔和成长创造良好的环境；完善评价与考核制度，制定符合现代管理思想和学校实际的管理考评制度，体现能本管理与规范管理的有机统一，建立多元化的，符合素质教育要求的，有利于促进学生、教师和学校共同发展的新型学校评价标准，全面提高教育质量。在教学评价考核中，改变长期以学生的学习成绩作为评定教师水平唯一标准的做法；在年度综合评价与考核、学年度综合评价与考核中，由民主评议和职能部门考评相结合，及时予以精神和物质的双重激励。

（2）实施简洁、高效的管理流程。积极稳妥地推进学校人事制度改革，形成"职、责、权、利"相统一的，并能有效调动教师工作积极性的内部管理长效机制，明确工作价值、利益导向机制，形成团结进取、和谐高效的工作氛围。加强干部团队绩效考核，提倡新的工作精神和团队精神。全体干部要成为学校积极进取和谐发展精神的先行实践者，围绕学校中心工作，各司其职、各尽其能，逐步树立科学、民主、开放的富有个性的管理思想，提高改革创新、依法治校、民主管理等意识和行为能力，确保学校各项工作的高效开展。

总之，文化的丢失就是生存权的丢失。文化管理决定着一个学校的发展速度与状态，有什么样的文化，便有什么样的发展状况。因此，在一定的条件下，文化管理具有"决定一切"的作用，文化管理是学校发展的灵魂。

第五章

高校大学生教育管理的创新策略

第一节　更新大学生教育管理理念

随着当今国际形势的深刻变化和改革开放的不断深入，高校学生教育管理工作既有有利条件，也面临着严峻挑战。面对新情况和新问题，需要高校管理者重新思考高校自身所处的社会环境变迁，正确认识全球化、网络化、数字化、信息化给学生管理工作带来的冲击，积极探索新环境、新情况下学生管理工作的新思路、新理念，为大学生的学习、生活提供最大可能的指导和帮助，使他们都能健康成长、成才。

教育管理理念是高校育人工作的核心因素，是统领学校育人工作的灵魂，对于其他因素具有显著的整体制约性和指导性。在对大学生心理健康影响因素的研究中发现，大学生心理健康因素受学校教育的影响。从当前大学生心理健康状况以及对其影响因素的综合分析来看，要促进大学生心理健康水平提升，高校的大学生教育管理理念必须进行革新。从整个高等教育领域发展来看，我国高校正在从扩张办学规模向提升人才培养质量的道路迈进，正在经历由只专注学生知识技能的培养向更加重视学生心理潜能的开发转变，要完成这样的变化，也必须从总体教育管理理念的革新开始。

一、新时期高校学生管理工作面临的新情况

（一）全球化意识和社会主义市场经济对高校教育管理工作的影响

全球化意识就是指在世界范围内起作用的正在形成过程中的世界整体意识

和全球文明。全球化意识的弥漫和渗透趋势在不断加强。全球化借助网络技术成为一种现实的运动，并在广度、深度、强度和速度等方面都达到了前所未有的程度。实际上，每一个人，不仅是某一个国家的公民，而且是地球村的一个村民，即世界公民。地球上任何地方发生的事件和危机，都可以迅速传遍每个角落。学生的思想也处于一个更加开放的环境，特别是国外敌对势力利用经济、政治、军事手段，加紧对我国实施"分化""西化"的图谋措施，利用各种手段和渠道对青年一代进行思想文化渗透。在这种情况下，如何让青年学生既能充分学习国外优秀文化成果，又能自觉抵制不良思想的侵蚀，是高校管理者应当思考的一个重要问题。

随着社会主义市场经济的深入发展和不断完善，我国社会经济成分、组织形式、就业方式、利益关系和分配方式日益多样化，大学生思想活动独立性、选择性、差异性日益增强，这些也使学生管理体制面临新考验。

（二）信息与网络时代对高校教育管理工作的冲击

卫星通信、数字化、多媒体和计算机网络等技术的发展，对高校产生了巨大的影响，校园的网络化、信息化、智能化、个性化特色，真正突破了传统的教室和校园围墙的界限，使知识的创新、传播、转化和应用变得空前便捷。网络已经促成一所没有围墙的大学的诞生。信息化、数字化、个性化的社会环境为学生提供了广阔的生活空间，他们获取知识和信息的渠道比前人多得多，获取信息、传递信息的手段比以前更先进、更快捷。外部世界的多样化，再加上学生缺乏辨别是非、认清善恶的能力，最终导致学生对传统文化认同度降低。这对高校的学生管理思想、管理体制和管理方法造成了巨大的冲击。

二、新时期高校学生管理工作的新思路

（一）树立"以学生发展为本"的教育价值观

教育价值观既体现为学校教育的价值取向和追求，也体现为人们评判学校教育价值有无、高低和大小的重要指标。高校的教育价值观表达了高校教育活动

的最高价值追求，它决定着高校育人工作的核心价值行为，当前高校育人工作存在的许多问题的核心就是其教育价值观问题，其中也包括大学生心理健康问题。面对大学生心理发展和素质提升的现实需求，高校必须树立"以学生发展为本"的教育价值观，以促进大学生教育管理工作。在这里，"以学生发展为本"的教育价值观应包含以下三个含义。

1. 学生的"人的价值"是高等教育价值的中心

理论上人的价值具有个人和社会两个不同属性，在现实中如果人的价值是由他所创造的社会价值而决定的，那么他全面自由发展的水平决定着他创造活动的水平，进而决定着他所创造的社会价值。从这一视角出发，大学生的自我价值同其创造的社会价值应该是统一的，这也就是大学生个体作为目的和作为手段的统一。因此，片面强调大学生个体的价值就是对他人、对社会的贡献，忽视其个人发展的需要甚至否认个人的价值主体地位的教育价值观，就是没有领悟到人的自我价值与社会价值的辩证关系，必然导致高等教育中学生的主体地位被忽视，使高等教育成为"无人"的教育，更别说大学生培育了。在当前高等教育领域，许多高校仅仅把"以人为本"的理念停留在口头上，还没有真正深入头脑，转为行动。面对各种指标和短期效益，这一理念往往被抛到脑后，这也是大学生产生心理问题的根源。因此，无论从哪个方面来说，高校教育活动的价值必须以学生的个体发展为中心，也就是以学生的"人的价值"为中心，这是高校培育大学生的前提和基础，脱离这个中心，高等教育活动的社会价值以及经济价值、文化价值等也不可能实现。

2. 高校教育价值的提升来自学生价值的提升

人通过接受教育获得生活技能和智慧，精神世界将得到进一步丰富和发展，从而使生活更加有意义。教育对人发展的决定性作用表明，教育活动就是为人的发展和创造活动开展及设计的，教育中所有因素的价值都是在实现人的价值过程中得以显现的。可以说满足大学生身心发展的需要是高校教育价值的主要体现。在现实中，文化传承、服务社会、科技创新固然体现着高等教育的价值，但是对于教育价值的整体考量，学生价值的提升才是彰显教育价值的根本，因为人的价值是创造其他价值的基础，所以没有学生的全面发展、没有学生素质的提升，教

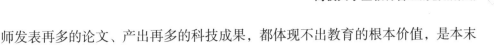

师发表再多的论文、产出再多的科技成果，都体现不出教育的根本价值，是本末倒置的价值考量，是违背教育伦理原则的价值取向。

3. 促进个体和谐发展是高校提升学生"人的价值"的根本前提

高等教育的基本功能就是提升人的价值，即提升大学生个体的人格价值和社会价值。在高等教育提升人的价值的过程中，只有首先使其个人潜能和素质得到充分发展才有可能实现其价值的更大提升，从这个意义上说，促进大学生个人的全面发展，是提高其个人价值的根本前提。从教育学意义上理解，大学生的全面发展指其基本素质的全面发展。正如德国心理学家爱德华·斯普朗格（Eduard Spranger）所说："一个真正受了教育的人，不但体会到学识，还能了解经济利益的意义，欣赏美的事物，又肯为社会服务，进而对生存的意义也能彻底体会。"这正是新时期对大学生全面和谐发展的基本要求，也是大学生心理素质发展和提升的内在需求。可见，只有大学生具有了完整人格才能发挥更大的影响力，只有个体的社会价值得到充分展现，大学生才能更加自信、乐观，才能具有发展动力和更强的意志力。

（二）树立正确的高等教育伦理实践效益观

高等教育存在的价值合理性就在于能够依据人的成长发展需要和社会发展客观规律，开展有目的、自觉和能动的教育活动，实现其承载的促进人的全面自由发展和为社会发展培育高素质创新人才的功能。高校教育只有在两者之间找到一个相互协调的平衡点，才能很好地完成这两项基本功能，这是高校教育伦理实践效益的基本标准和要求，也是保障高校有效开展大学生管理培育工作的前提条件。

1. 高等教育伦理实践应体现出个体层面的价值功能

高等教育伦理作为一种道德行为规范，起着调节教育活动中教育主体之间关系的作用，它规定着教育主体应该做什么和怎么做，引导教育主体行为以"善"为价值取向，推进受教育主体的全面发展。高等教育伦理作为一种特定领域教育活动的内在善恶规范，对于受教育者应当如何发展、成长为什么样的人，在实施教育行为之前，已经预设好了结果和路径，并据此结果和路径组织教育实践，使受教育者在教育实践的影响下形成具有鲜明自我特征的个性品质，并按照预期路径实现个人的自由全面发展，最终成为人性得到全面诠释的真正的人。高等教育伦理作为高等教育主体把握教育实践活动内在本质的特殊方式，还反映着主体行为的价值意识，引导着主体对现实高等教育实践活动的价值选择，对主体的人格完善和发展具有促进作用。

2. 高等教育伦理实践应体现出社会层面的价值功能

高等教育伦理作为社会伦理系统的一个组成部分，在对象和内容上包含社会的各个层面，主要是通过受教育的人对社会产生间接导向作用。高等教育的基本功能是培养高素质的创新人才，通过培养人才为社会生产、经济发展、政治活动、文化传承等服务，实现高等教育的经济价值、政治价值和文化价值，即社会价值，因此高等教育伦理的社会价值也要最终通过其培养的人去实现，并体现为一种社会功能。高等教育伦理作为调节教育主体教育活动的道德规范和价值精神，其实现自身社会功能的基本路径就是通过优化教育发展和提高受教育者的整体素质和能力，促进社会现代文明的发展。从一定意义上讲，高等教育伦理这一社会功能具有一种特殊的人力资本价值，不但对社会的政治、经济和文化发展发挥着积极作用，而且对个体的自我效能、希望等品质的发展也起着重要且特殊的作用。

高等教育伦理的个体功能和社会功能是不可分割的两个方面，高等教育伦理实践的理想效益就是通过高校教育活动使其具有的个体功能和社会功能达到统一，促进两个功能的和谐发展。

（三）凝练全方位育人的学校育人观

高校教育过程中包含着很多影响大学生心理问题的因素，如师生互动过程中的人际支持、成就动机的激发、教师个人魅力和教育管理主体素质的影响以及学校制度文化和环境文化熏陶等，这些因素都会对学生心理活动过程产生潜在影响。因此，树立全方位育人管理思想对大学生培育管理起着积极作用。目前，多数高校的管理者都认识到了全方位育人的重要作用，但是在如何实现全方位育人、如何通过系统的全方位育人方案提升大学生心理健康和整体素质水平方面还没有成形的思路或做法。在此，高校有必要进一步凝练和明确全方位育人的观念，使学校管理架构中的每一个方面都充分发挥自身优势，凝聚成合力，进而促进大学生整体素质的有效提升。

1. "全方位"要体现在一个立体的、系统的整体上

高校教育过程中包含的影响大学生心理健康的外在因素是多方面的，既有教育者的主体作用，也包含着环境因素等的客体作用。教育主体内涵非常丰富，从广义上讲，教育主体不仅包括教师、后勤人员、管理人员，也包括大学生自身和家长等，但是从直接发挥作用的主体来看，主要体现在辅导员、教师、学生群体和家长等方面。环境因素是影响大学生心理发展的重要外部因素，主要包括非物质环境和物质环境。在这里，环境的创造离不开教育主体的作用，不同的教育主体发挥着不同的积极作用，大学生的外在影响因素充满了复杂性、联动性和特殊性，这就构成了与大学生个体内在因素相互作用的一个外在的立体的整体系统，在这个动态的整体系统中，每个影响因素在不同时期、不同事件中的作用又不同，它们之间互相促进或者互相抑制。因此，全方位育人就要充分发挥各要素的整体性、联动性和积极性，发挥影响因素的立体作用，不能将各要素割裂开来单独审视，期望其独立发挥作用。

2. "全方位"要体现在教育主体影响作用的多面性、复杂性上

在高校育人过程中，影响大学生心理问题的因素来自方方面面，呈立体型。就每个因素来讲，它的作用又体现在多个方面，这些作用有可能是互相促进的，也有可能是互相抑制的，并且每一个作用的影响力大小也不相同。例如，教师既可以通过良好的师生关系为学生日常生活提供积极的人际支持，进而对学生人格发展产生积极影响；也可以充分发挥自己的才华，在教学活动中充分展示自己的人格魅力感染和影响学生；还可以精心设计教学过程和教学内容，通过教学过程的实施和教学内容的展现影响学生等等。通过调查发现，在每个教育主体的作用中，人际支持作用对心理问题影响最重要，主要包括家长的人际支持、教师的人际支持、同学的人际支持等。因此，全方位育人不仅要体现在育人主体的丰富性、系统性上，还要体现在每一个育人主体作用的多面性、复杂性上，全方位育

人要切实考虑到每一个教育主体的育人优势，充分发挥优势作用。

3. "全方位"要体现着校园文化作用的立体化

从高校育人过程的宏观角度来看，校园文化作用是全方位育人工作的一个方面，它与各个教育主体相互联动。但是就校园文化自身来看，它又是一个由各种因素构成的立体网络结构，既包含意识形态的内容，也包含物质的一面，如校园制度文化、学术氛围、社团文化、校园环境等。这些结构相互作用、相互影响，构成了一个整体，在育人过程中发挥着重要作用。在意识形态方面，有的通过各项制度体现，有的通过行为活动体现，还有的通过校园历史的积淀体现；在有形的物质方面，有的通过校园环境体现，有的通过教学设施体现等等。无论是意识形态的还是物质的，都通过其特有的方式对大学生的心理活动、思想意识发挥作用，其作用的大小也会因学生群体自身特点、作用方式和强度大小的不同而不同。因此，高校校园文化建设既要考虑不同影响因素的作用方式、作用效果，又要考虑不同大学生群体的自身因素。

（四）创新高校生涯教育观

生涯规划能力是大学生应该具备的基本能力，是大学生开展生涯规划的基础，是大学生实现其全面发展的前提条件。高校生涯管理就是帮助大学生做好生涯规划、培养大学生生涯规划能力而针对个体开展的一系列影响活动，通过一系列的制度、措施引导和帮助大学生规划生涯，提升其生涯规划能力，使之能够有效规划大学生涯，自觉开发潜能，为以后的生涯发展奠定能力基础。我国高校开展大学生生涯教育起步较晚，多数高校的生涯教育偏重职业指导和职业规划，尚没有形成中国本土化的高校生涯管理理念，我国当前高校生涯管理仍存在许多问题，高校生涯管理工作不能适应大学生生涯发展需要。因此，高校在大学生心理健康培育和提升过程中应创新高校传统生涯教育观念，树立生涯管理意识，强化学校生涯管理工作。

1. 高校生涯管理的主要任务是培养大学生的生涯规划能力

高校生涯管理是指高校为实现高等教育的人才培养目标，满足大学生个体全面发展的实际需求，对大学生在校阶段的生涯发展实施的管理和辅导工作，其主要任务是培养大学生的生涯规划能力，具体来讲有以下几个方面：一是培养大学生生涯探索能力和自我经营能力，使学生正确认识自我、了解自我、接纳自我，具有强烈的生涯发展需求，能够清醒地面对未来的职业发展，了解相关职业领域的发展需求和现状，努力学习和充实专业知识，提升职业技能，积极探索发挥自己潜能的有效途径等；二是培养大学生生涯决策能力，使学生在生涯发展的一系列决策过程中，知道如何设定生涯目标和及时调整目标，如何确定自己职业发展方向和未来职业范围，在面对抉择时，能实事求是地看待问题并做出正确决策；三是培养大学生生涯行动及监控能力，使学生在计划执行过程中能够通过有效的时间管理、建立良好的人际关系，积极适应周围环境变化、创造性地解决问题来保证计划实施，及时调整不合理的计划以及就自己发展的不足方面来积极提升自己，以适应生涯发展对个体的新要求。

2. 以"生涯管理"基本理念指导学生开展职业生涯规划

从生涯发展角度来看，大学生正处于对未来职业进行探索的阶段，仅凭个人的经验和能力很难对未来职业生涯进行准确定位，开展合理规划。高校开展生涯规划指导，可以帮助学生进一步正确认识自己的兴趣、职业意向、职业潜能和职业素养等，使其尽早明确职业发展目标和方向，从而及时调整专业知识结构，弥补实践技能的不足，进一步提升职业综合素质和就业竞争力。因此，生涯管理要从观念上消除把职业指导等同于就业安置或提高就业率的误区，充实就业指导工作内涵，转变就业指导工作思路，把就业指导的重心转向学生生涯规划指导，不断激发学生职业规划的意识，引导和帮助学生选择正确的职业生涯发展路径，以实现学生期望的自我社会价值。

3. 高校生涯管理是对学生的教育实践实施的全方位指导

完全意义上的高校生涯管理是以生涯辅导为基础的全方位指导，主要包括与学生的个人发展愿望相结合、与学校的整体教学过程相结合、与国家和市场发展对人才的需求相结合三个方面。大学生涯管理是指培养生涯规划能力的教育活动和辅导活动，通过制度建设、计划制订、教育教学活动、师资队伍建设来实现学校影响的目的。例如，学校可以要求专业任课教师将学生生涯发展认知、生涯态度等有关内容融入教学内容中，可以要求指导教师将生涯管理的有关要素融入社会实践和第二课堂活动过程中，潜移默化地培养学生的生涯规划意识和能力。

4. 重视高校生涯管理的理论研究

近年来，国内高校为了适应社会对高等教育人才培养的需要，推动高校毕业生就业制度改革，纷纷开始了校园生涯管理的探索。但各高校的职业指导工作无论是实践层面还是理论层面，大多数是对国外一些经验的复制和套用，还没有真正从个体全面发展的角度开展大学生涯管理，还需要系统开展职业规划辅导和生涯发展管理研究，需要开展高校生涯管理模式、职业心理测试、就业评价体系等理论层面的探索，建立本土化的生涯发展理论体系。只有开展扎实有效的理论研究才能为高校生涯管理实践提供依据并指明方向。

（五）树立科学的生命意识教育观

生命意识是人对自己和他人的生命存在价值的一种认知与感悟。具有良好生命意识的人，热爱生命、珍惜生命，善待自己和他人的生命，对生命及生命关系有一个良好认知，能正确认识、理解、把握自己的生命价值，形成个体完善的人格品质。高校生命意识教育的目的就在于让大学生树立良好的生命道德品质，使其能够正确认识和把握生命与人类社会同自然环境的关系，促进各种关系和谐融洽，使自己在追求生命价值最大化的基础上生活得更有意义，更有利于个体全面和谐发展。因此，高校生命意识教育的核心内容应该是积极培育大学生的生命道德意识。

人的社会属性决定了其在正常生活中时时刻刻都要与自己、他人、社会环境发生各种各样的关系，在这些互动关系中，每个人都承担着对自己、对他人和对社会的各种责任。在这些责任当中，个体对自己、对他人及对人类生命的责任是最基本、最重要的，也是生命道德的基本要求。对生命的责任意识是生命道德的基本内容，生命道德是调整人与自己生命、他人生命、人类生命以及终极理想之间关系的道德。生命道德源于人对生命的关注，是人们对待生命的德行品质，是调节人们有关生命行为特殊规范的总和。生命道德的意义在于追求生命神圣、生命质量和生命社会价值的和谐统一，是指导个人处理与自己生命、与他人生

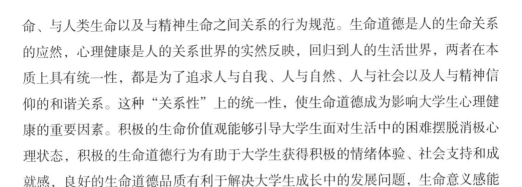

命、与人类生命以及与精神生命之间关系的行为规范。生命道德是人的生命关系的应然，心理健康是人的关系世界的实然反映，回归到人的生活世界，两者在本质上具有统一性，都是为了追求人与自我、人与自然、人与社会以及人与精神信仰的和谐关系。这种"关系性"上的统一性，使生命道德成为影响大学生心理健康的重要因素。积极的生命价值观能够引导大学生面对生活中的困难摆脱消极心理状态，积极的生命道德行为有助于大学生获得积极的情绪体验、社会支持和成就感，良好的生命道德品质有利于解决大学生成长中的发展问题，生命意义感能提升大学生的自我价值感和主观幸福感。因此，积极培育大学生的生命道德能够促进大学生心理健康的培育和提升。

第二节　创新大学生教育管理方法

面对当代大学生心理健康现状及其存在的心理问题，高校应从实际出发，探索有利于当代大学生心理健康发展的教育管理新方法。创新大学生教育方法要坚持意识形态引导与行为管理相结合、整体性推进与关注差异性相结合、理论研究与实践创新相结合。

一、突出生命价值取向的建构

生命价值取向是一个人确立其与自我生命、他人生命以及自然界生命关系的基础，这些关系直接影响人的性格特征的形成、人际关系的构建以及价值观的确立等，是个体意识形态对心理活动和行为表现具有根本影响的重要因素。因此，高校在大学生教育管理中更应突出对大学生生命价值取向的构建，以促进其心理健康发展。

（一）培养正确的生命意识

部分大学生之所以对自身的影响因素敏感性不高，主要是因为他们获得了家庭和社会的过多关注和关爱，个体缺乏对生命关系和生命价值的真正思考，缺少来自内部的自觉意识。生命意识是人对生命存在和生命价值的认知与感悟，是人在对生命存在的认识和理解的基础上，通过实践活动追求生命关系和谐、生命社会价值延续的自觉意识。大学生具备正确的生命意识，更有利于其清晰定位人生目标、明确生涯发展目标，进而在实现生命社会价值的过程中，实现自身全面发展。因此，高校要强化大学生的生命意识教育，帮助他们形成正确的生命意识，具体应从以下四个方面进行把握。

1. 引导大学生树立珍惜一切生命的意识

生命是宝贵的，是个体存在的基础和前提，个体生命的存在也是人类创造和实现一切的先决条件，因此生命意识教育的基础在于关爱、珍惜生命的教育。同时，人的本质不是单个人所固有的抽象物。在其现实性上，它是一切社会关系的总和。珍爱生命不仅是个体生存的需要与权利，更是一种责任与共同生活的基本法则，珍爱生命就是不仅要珍惜自我的生命，更要关爱他人的生命。无视他人生命的人也不可能对自己生命的存在和价值有正确的理解，更不可能有崇高的人格品质。珍爱生命的教育，应当是自我与他人、权利与责任相统一的教育。"出入相友，守望相助，疾病相扶持，则百姓亲睦。"这既是我们中国人追求的道德理想，也是建设社会主义和谐社会的目标之一。人与人之间只有互相关爱、互相尊重，才能真正地去尊重和珍惜生命，尊重他人选择生存方式的自由。教育学生珍爱生命，就是要教会学生认识生命的珍贵，珍惜自我和他人生命的存在；就是要培养学生的生命责任感和对生命的感恩之情，学会关爱、学会宽容、学会共同生活，懂得用爱心去回报关爱。

2. 培养大学生对生命的责任意识

人的社会性本质决定了人在正常生活中，必须与自己、他人、社会发生各种关系，任何人都必须向自己、他人和社会承担自己在社会中的责任。其中，对自己、他人及他人生命的责任是最基本、最重要的，这也是道德的基本要求。对生命的责任意识是生命道德的基本内容，也是一个人社会责任意识的基础和根本。大学生责任意识缺失是受多方面因素影响的，最重要的有两方面。一是学校教育的失误和缺失。大学生生命道德教育一直受到传统道德教育思维方式的影响，内容过于理想，目标脱离个人的需要和利益，其教育过程互动不够，形式化明显，没有形成完整体系，实效性较差。二是社会环境的消极影响。在当前社会上一些错误认识和不良影响不可避免地会对大学生的思维方式、意识观念、行为活动等造成冲击，自私自利、损人利己、金钱至上等现象依然存在，以人为本、尊重生命、追求生命意义、提升生命价值的良好社会氛围尚有待加强。

3. 引导大学生积极探索生命的意义与价值

人的生命是有价值的，价值是人存在的基础和依据，对人生意义的追求、对生命社会价值的追求是生命价值的最高体现。生命教育应该引导大学生从外在化、功利化、世俗化的目的中解放出来，积极探索生命的意义，努力提升生命价值。生命的意义不仅是指个体生命的意义，也是指人对人类在宇宙中位置的思考，以及对人类"类生命"本质的思索，两者是相统一的。因此，探索生命意义、提升生命价值的教育应包括以下三个方面：一是创造生命价值的教育。人的生命就是意义生命，人是一种价值实体。意义不是客观存在的，是经过人的主观努力创造的。二是体验生命价值教育。大学生注重自我实现，应积极引导学生认识到自我实现是一个过程，其中那些微小的进步未必会带来权力、金钱、地位等外在价值决定性的改变，但都会给个体带来生命的高峰体验，从而使个体对生命价值的认知发生良性转变，对生命的价值和意义有所领悟。三是引导学生把生命个体价值与社会价值统一起来，体现生命价值的最高形式。人是一切社会关系的总和，是地球村中的一员，将大学生的视野引向整个社会、整个人类和宇宙，将生命个体与社会、与他人、与自然结合起来，才是生命价值的最高体现。

4. 引导学生建立科学合理的生涯发展目标

生命的意义体现在为自己明确的人生目标不懈奋斗的过程中，平时那些生活态度积极、获得较大价值感和成就感的大学生，是有明确的目标并不断向目标迈进的人。生命意识教育内容之一，就是引导学生确立一个正确的人生目标，并鼓励他们为之努力奋斗，在有价值感的活动中体验生命的意义，实现生命的价值。大学生的人生目标既要与社会需求相统一，也要与个人兴趣、爱好和追求相一致；既有长远、持久的目标，也有短期的实施计划；既包括人生规划，也包括人格完善，是一个身心和谐、持续发展、志存高远的目标。

（二）创新生命道德教育

高校生命道德教育在传统道德教育思维方式的长期影响下，教育内容过于理想化、抽象化，教育目标脱离个人客观实际需要和利益，教育过程呆板僵化，互动不够，没有形成完整体系，实效性较差。创新大学生生命道德培养路径应注意把握以下三个方面内容。

1. 加强对"个体"的关注

生命道德教育是重视个体本身的道德教育，需要构建整体性德育体系并调动学生的主体意识和个体意识。传统的道德教育注重弘扬社会或集体的利益，"忘我""无私"的思想受到推崇，其中"忘我"的道德教育更多考虑的是为"他人"，对个体道德的自主性、生命价值的尊严、自我利益的正当性等没有给予更多关注和应有重视。在现实世界，人既是一个实体，更是一种关系存在，每个人都存在于与他人的关系之中，他人的存在是每一个人存在的条件，个人的发展只有在与他人的关系中才能实现。每个人为了自己，必然要做一些有利于利益相关者的事情，这些人当然是在自己所属群体中生活的人，包括自己的家人、同学、同事等。此时个人的"私"实际上已经不是单纯的"自私"，作为个体的"我"也不再是狭义的"小我"，而是广义的包含其他人利益的"大我"，这种"大我"与单纯"小我"直接相关，而不是割裂的、空洞的、排异的。因此，高校开展生命道德培育不能只注重为他人、为人类奉献的教育，更应该关注个体，个体生命价值、利益在生命道德教育中应同样受到重视。

2. 开展生命叙事活动

所谓生命叙事活动，就是指表达自己生命故事的活动。生命故事是指个体在生命存在与成长过程中逐渐形成的对生命的感受、经验、体验和追求，既包括个体自己的生命经历、生活经验、生命追求，也包括个体对他人生命存在的感受、经验、体验和追求的感悟。生命叙事过程会直接触及个体或个体对他人生命的生活经历、情绪感受、情感表达、生命经验等认知，并再现这些生命经验，触发生命体验，感悟生命意义，既有助于大学生对自己生命情绪、情感认知的调节，以及大学生生命责任感的形成，也有助于大学生正确处理与自己生命的关系。生命故事本身凝结着个人对自己或对他人人生重要经历的理解和经验，生命叙事过程就是将其再次间接呈现出来，在他人讲述的过程中不仅会使自己获得对生命道德关系的新感悟，也会获得一种内在的对自己和他人生命价值与意义的责任感。大学生讲述自己生命故事的过程也是自己对事物、对他人、对自己再认识的过程，可以形成引领自己生命成长的方向。

3. 加强生态道德教育

自然环境是各类生命赖以生存的基础，珍惜生态、保护环境是人类发展和进步的需要，高校应从三个方面加强大学生生态道德教育。一是树立崇尚自然、热爱生态的道德情操。随着人们物质生活水平的提升，追求原生态的自然美已逐步成为人们的审美追求和社会时尚，回归自然、返璞归真是当前人们价值追求的新特点，因此，高校应该以此为契机把大学生的审美情趣引导到尊重自然、珍惜生态、保护环境等方面来，并使之形成一种校园氛围、校园时尚，内化为大学精神的核心内容，带动每个大学生养成一种符合生态文明要求的高尚情操。二是唤起大学生关爱生命、善待生命的道德良知。高校应该从自然生态伦理视角出发，引导大学生正确认识自然界一切生命存在的客观必然性，在维持人类一定生存质量的同时，敬畏生命，自觉保护身边生命体的基本生存权，维护自然生物链条的完整与和谐。三是培育大学生崇尚勤俭节约的传统美德。在我国现实的国情条件下，盲目追求高消费会给有限的自然资源造成极大的浪费，每个大学生都应以节俭和适度消费为荣，树立这一美德对于社会经济发展和生态环境保护都有着重要的现实意义。

二、凸显大爱精神对校园文化的引领

高校大爱精神是高校广大师生在生活中表现出来的对自己、对他人、对国家和民族前途与命运的自觉关注、高度负责和无私奉献的精神，是高校文化的核心、本质内涵，是指导高校各种办学活动的核心精神，是大学生成长的动力和发展的精神源泉，是大学生感受人间大爱、提升领悟社会支持的巨大财富，是大学生培养积极人格品质的优质资源。

（一）在课堂教学中培养大爱精神

课堂是高校践行大爱精神的主要阵地之一，在课堂教学中，教师不仅要重视科学文化知识的传授，更要把爱国家、爱民族、爱他人、爱自己、无私奉献、勇于担当的精神和意识融入课堂教学全过程，把大爱精神的精髓与教师的人格魅力和科学知识的吸引力有机结合，潜移默化地影响学生，让每个学生真正了解大爱的精髓，领会大爱的真谛。

（二）在学术活动中培养大爱精神

学术活动是更高层次的实践活动。在大学校园，科学研究工作中有着自己特殊的规律，求真、务实、创新是开展科学研究活动的基本要求。在科学研究中形成的追求真理、宽广包容的精神就属于尊重真理、热爱科学的大爱精神，这种大爱精神会深深感染那些参与科研学术活动的人，潜移默化地培育着每个参与者的大爱意识。因此，在学术活动中培育大爱精神，就是要遵循科学研究发展的规律，崇尚严谨、求真、务实、创新的学术精神，就是要关爱从事科学研究活动的群体，为从事科学研究活动的人创造宽广、包容的学术环境。在科学研究工作中展现出来的追求真理、宽广包容的精神，既是爱真理、爱科学、爱师生的高校大爱精神在学术研究中的体现，也是高校学术创新活动得以顺利开展的必备要素，对培养大学生创新能力和创新精神起着重要作用。

（三）将大爱精神融入制度文化建设

高校应把大爱的理念融入校园制度建设之中，积极推动"人性化"的管理模式，通过引导师生广泛参与民主管理来推进学校管理科学化。将大爱精神融入校园制度文化建设中，就是把大爱精神与校园各项规章制度有机结合起来，使制度中饱含着学校对教师和学生的关爱与尊重，通过制度的人性化功能平衡人与人之间的利益，规范每个人的行为，如通过制度强化学生自我教育、自我管理的意识，促使师生主动将个人成就、切身利益与学校的发展紧密联系在一起，形成师生与学校之间互信互爱的氛围。

（四）将大爱精神融入高校教师行为文化建设

当前，高校行为文化建设的重点应该放在规范教师的行为上来，切实开展师德师风建设。2014 年 10 月，教育部《关于建立健全高校师德建设长效机制的意见》提出，高校要积极引导广大教师做党和人民满意的、放心的合格教师，做有社会主义理想信念、高尚道德情操、学识渊博和仁爱之心的好教师，要进一步加强和改进教师的思想道德建设，培养和造就一支思想品德高尚、业务技术精湛、充满生机活力的高素质教师队伍，这对高校师资队伍建设提出了新的更高要求。因此，高校在贯彻该意见时，应着力塑造教师严谨、努力、乐于奉献的行为品质，让大爱精神体现在每一位高校教师的举手投足之间，使每一位教师都能成为榜样，成为学生敬佩的力量源泉，默默地感染和熏陶自己的学生，给他们的思想和行为带来积极影响。

（五）将大爱精神融入高校环境文化建设

高品位的环境文化不但能够加深广大师生对人生美好事物的感悟，对环境中"美"和"爱"的理解与认同，而且有助于促进大爱精神在校园的传承与发展。因此，高校在进行校园硬件建设中，要将大爱的元素和自身办学特色体现出来，用校园环境特有的感染力激发师生的爱校热情，陶冶师生爱自然、爱学校、爱他人、爱科学的良好情操。例如，有的高校在图书馆内饰设计上，刻凿有隐喻科技发展促进人类进步的浅浮雕；有的高校将大门设计成仿古风格，不仅表现出了浓郁的民族特色，还完美地继承了民族的学校的良好历史文化传统。这些都是校园建设中融入大爱精神元素的生动体现。

三、注重理论研究对教育管理创新的推动

针对大学生心理问题现状存在的问题，高校应重点开展积极心理教育研究和生涯管理理论研究工作，促进高校心理教育和生涯管理工作水平进一步提升。

（一）开展积极心理教育研究

近年来，我国部分学者将积极心理学理论扩展、整合至高校思想政治教育、

心理健康教育等实践性较强的领域，开拓了高校积极心理教育的理论研究和实践探索。有学者探讨了积极心理学在大学生思想政治教育中的整合、借鉴与应用；有学者分析了积极心理学与高校心理健康教育相结合的必要性，提出了两者相结合的具体设想与方法。

然而，当前高校积极心理教育在针对大学生心理问题的理论研究和实践探索方面都比较薄弱，还有许多有待进一步完善和解决的问题以及需要探索和弥补的空缺。一是高等教育领域尚未形成一套成熟的、可以指导高校积极心理教育的理论体系，高校关于积极心理教育还没有建立一套行之有效的操作模式，研究方法和研究技术亟待整合与发展，研究的内容和领域有待拓展和深化；二是建立在中国文化背景下的本土化研究还有待加强。因此，从目前看，我国高校积极心理教育研究还任重而道远，建立完整有效的理论框架、拓宽研究领域、创立和发展新的研究技术、与传统心理教育协调发展以及积极心理教育在高等教育领域的本土化研究等都将是高校积极心理教育研究面临的紧迫任务。

（二）加快大学生生涯理论和生涯辅导技术本土化创新

目前，我国开展大学生生涯辅导主要依据国外生涯发展理论和生涯辅导技术，国外的生涯辅导理论和辅导技术为我国高校开展生涯辅导工作提供了有益的启示与借鉴。然而，如何将国外的理论和技术更好地应用于中国高校的生涯管理，并在其基础之上研究开发中国本土化的生涯发展理论和技术，是高校生涯发展理论和技术应用研究的重要内容。

国外理论应用要实现中外价值取向的有机结合。受到历史、传统文化等因素的影响，中外价值取向的差异深深地影响人们的思维方式和心理行为。从价值取向来看，一些国家将个人的价值和意义放在首要位置，即个人主义倾向占主导；而在中国传统文化里，集体的价值和意义被放在首要位置，提倡个人服从集体，集体主义始终是价值观念的核心。如果在高校生涯管理工作中一味强调集体和整体，忽视个体的成长发展需要、个体个性的适度发展，就会抑制学生的主动性和创新意识，高校生涯管理的实际效果将大打折扣，也背离了当前高等教育改革方向。但是完全照搬国外的理论体系，就会造成"水土不服"，引发学生价值观混乱，使这些理论难以在实际中得到应用和发挥，背离人才培养目标和方向。

因此，在国外生涯发展理论和技术的应用中实现中外价值取向的有机结合，是当前生涯发展理论和技术本土化研究的主要方向。

开发本土化大学生职业生涯测评系统。科学、客观地自我评估是实施有效职业生涯规划的前提和基础，本土化的专业职业测评更适合中国人的文化和心理特点，有利于大学生更加科学、客观地认识自己。开发本土化、专业化的职业测评系统主要有两项工作：一是要培训和配备专业的人员，以保证测评过程的规范性和结果分析的科学性；二是开发科学的、完善的测评工具，保证测评结果的真实性和可信度。本土化职业生涯测评工具的开发是本土化大学生职业生涯测评系统建设的重点和难点，需要结合我国大学生自身心理特点和我国社会职业环境特征，同时注重实践性、专业性和经济性相结合。

第三节　拓展大学生教育管理途径

面对大学生心理健康发展的要求，高校应该进一步拓展大学生教育管理途径，从培养大学生积极心理品质、培养大学生生涯规划能力以及构建来自家庭和同龄人的人际支持机制等方面，为大学生心理健康发展创设良好条件。

一、开展积极心理教育

当前，我国多数高校将心理教育的重点放在了普及心理健康知识、解决学生心理问题和预防学生心理危机发生方面，心理辅导和咨询工作也把消除部分学生的心理障碍和预防心理问题发生提升到了主要地位，忽视了心理教育开发人的潜能和培养个体积极心理品质的重要任务，关注的对象仅是少数有心理问题的人。高校应该大力开展积极心理教育，促进大学生积极心理品质的培养和潜能的开发。

（一）构建积极心理教育课程体系

高校心理教育课程应以积极心理学为指导，在课程目标、课程内容、教学方法、教学效果评价等方面进行改革。

课程目标应突出个体发展性。心理教育课程目标应由重点解决部分学生面临的问题向关注全体学生积极人格的发展转变。根据积极心理学理论，心理教育的对象是全体学生，课程目标设定应包含心理问题预防、不良心理行为矫正和积极人格品质培育，重点是突出心理教育的发展性功能，要强调如何进一步优化学生心理品质和进一步开发心理潜能，培养学生的积极心理品质、积极情绪体验、积极自我概念、创造性思维品质等，具体包括培养和提升学生的创造性、洞察力、积极情绪、情绪控制能力等各种智力潜能和非智力潜能。

课程内容应与个体发展需求相结合。当前高校心理教育课程内容多以大学生常见的心理问题与疾病预防为出发点，以心理问题的症状、成因以及相应的预防和调适技巧为主，具体讲授心理学基本知识、个体心理活动规律、心理问题产生的原因及应对措施等，课程学科化、知识化倾向严重，与学生的实际需求和关注点差距较大，特别是与学生心理健康发展需求相距甚远。积极心理学视野下的心理教育应紧密与学生全面自由发展需求、学生的积极人格养成相结合，将心理学理论与生活实际相衔接，培育和开发大学生个体和群体的积极品质，最终达到促进大学生个体和群体心理优势形成和提升的目的。我国学者孟万金等人在综合考虑时间因素（过去的、现在的、未来的）、行为类型（生活的、学习的、工作的、社交的）、关系指向（对人的、对事的、对己的）基础上，将14项内容优先列为学校积极心理教育的核心内容，包括增进主观幸福感、提高生活满意度、开发心理潜能、发挥智能优势、改善学习能力、提升自我效能、增加沉浸体验、培养创新能力、优化情绪智力、和谐人际关系、学会积极应对、充满乐观希望、树立自尊自信、完善积极人格。

教学方法应多样化。积极心理学非常重视体验在教育中的作用，认为积极人格形成的最佳途径就是让受教育者在教育和生活中体验积极的情绪情感、认知感悟等心理活动。因此，高校心理教育课程中要增加各种体验环节，引领学生体验过去的、现在的积极情绪情感和认知感悟等，领悟未来的美好设计和憧憬，通过体验与领悟过程培养和提升学生内在的积极力量，激发学生的积极性和创造性，进而促进学生积极人格特质的形成和发展。高校心理教育课程应注重理论与实际相联系，强调集知识、体验和训练为一体的教学方法，在教学中要注重将知识讲授、行为训练、心理体验等过程有机结合，根据教学内容灵活采用知识讲授、团体训练、案例分析、生命叙事、心理情景剧、团体辅导等教学形式，丰富学生内心体验，让学生在体验中学习、感悟，使其掌握心理调适与激发潜能的技能。

除课堂教学，高校还应该将心理教育拓展到日常生活中，生活中对积极事件的体验与感悟能增加学生的积极情感认知和沉浸体验效果，更有利于学生积极心理品质的形成与发展。

教学效果评价应多元化。人的心理品质是一个内隐、抽象、个性的概念，无法用具体标准来衡量。同样，心理教育课程的教学效果也具有内隐性、抽象性、个别性特征，很难用一个具体的、统一的评估体系进行效果评价。因此，积极心理教育课程效果评价应坚持注重其发展性和过程性，采用多元、动态的评估方式。评估内容要包括基本知识理解和掌握情况、学生积极心理品质形成和发展情况以及实际解决问题的能力提升情况。教学效果评价要突出强调课程效果对受教育者整体性发展的促进情况，重视评价的动态性、情境性，最终实现通过评价全面、客观地反映学生积极心理品质提升情况和心理潜能开发或激发情况等。

（二）开展发展性心理辅导

考虑到大学生心理健康发展需求和影响因素，高校的心理辅导也应该改变目前以障碍性心理辅导和适应性心理辅导为主的模式，重点开展发展性心理辅导。发展性心理辅导是指根据个体心理发展的一般规律和特点，结合个体的个性心理特征，帮助和支持个体尽可能圆满完成各自的心理成长历程，使个体能更好地认识自我、接纳自我、调节自我，完善积极人格品质，开发自身潜能。发展性心理辅导的主要任务是对个体的自我意识、情绪调适、意志品质、人际交往与沟通以及群体协作技能进行辅导，培养良好的个性心理品质，提升社会适应能力。

在大学生个体的成长发展过程中，积极人格特质的形成与发展主要是通过内部和外部因素对其所具有的各种现实能力和潜在能力的激发及强化来实现的。当大学生本身具有的某种现实能力或潜在能力在学习和生活过程中不断被激发和强化，逐渐成为一种日常行为习惯时，由这些能力和潜能构成的积极人格特质也就形成或者得到了发展。因此，高校心理辅导应在积极人格理论的引导下，结合每个被辅导学生的实际情况，激发和强化学生的某些现实能力和潜在能力，或者帮助和支持学生自我激发和强化某些现实能力和潜在能力，达到促进其某些积极心理品质形成和发展的目的。在心理辅导中引导学生进行积极的情绪和情感体验是帮助和支持学生自我激发和强化的主要途径。

二、加强高校生涯管理工作

大学生心理健康与大学生生涯规划能力有着密切关系，二者互相影响、互相促进。高校生涯管理工作还需进一步加强，大学生的生涯规划能力还有待进一步提升。面对大学生心理健康发展的需要，高校生涯管理工作不仅要确立正确的工作指导思想和原则，还要创新和拓展生涯管理的途径。

（一）确立正确的工作指导思想

纵观当代社会人力资源需求趋向，高校生涯管理的实质就是对学生能力的培养和训练，主要任务和核心目标是培养和提升大学生的生涯规划能力。强化高校生涯管理工作，要积极汲取中国传统文化精髓，充分体现马克思主义关于人的全面发展的观点，树立全程化、全方位开展生涯管理的思想。因此，构建高校生涯管理体系要坚持以下四个原则。

第一，坚持学习借鉴国外理念与汲取我国传统文化相结合的原则。国外生涯发展理论引入我国已多年，学者们在本土化研究方面确实取得了一些成绩，但是面对当前经济结构调整的特殊时期和大学生就业的复杂形势，已经取得的成果在解决大学生生涯发展问题中的效果不尽如人意，如何建立中国的生涯管理教育体系再次引起人们的深思。构建本土化的高校生涯管理理论，开展适合中国大学生的生涯管理工作，主要体现在五个方面：一是德为才之先，在生涯规划与管理上，大学生的"成人"首先是道德品质成人、精神信仰成人；二是在大学生个人生涯规划中要体现出人与环境和谐统一的思想；三是引导学生在生涯规划过程中坚持把个体价值的实现与社会价值的实现相结合；四是引导学生辩证地看待失利，使其认识到人生不能总试图站在最高峰，要知退让、懂权变；五是将生涯管理与人生观和价值观教育结合起来，发挥传统教育作用。

第二，坚持社会需要与个人发展相统一的原则。高等教育具有社会服务功能与个体发展功能，应把满足社会的需要与满足个体发展的需要有机结合起来。社会服务功能主要包括服务和服从于国家社会主义建设中经济发展的需要、民主政治建设的需要和文化发展的需要等，个体发展功能主要包括个人成长的需要、个人职业发展的需要等。高等教育具有的这些功能是客观存在的，但人们对其价值的判断则会因为客观条件和主观认识的不同而存在差异。例如，一些高校一度将生涯管理简单理解为"辅导学生如何找一份理想工作""教育学生如何为社会服务"等，导致学校生涯管理工作功利主义思想泛滥，忽视了受教育者的个性化发展。我们要从过去的错误中吸取教训，在生涯管理中引导学生将个体发展与国家和社会发展需求相结合，既要关照个体个性化发展，又要发挥社会主流价值观在生涯管理中的导向作用，要避免学生过度关注当下利益的现象。在高校生涯管理活动中只有把社会需要与个人发展相统一，实现组织与个人双赢，才能保证生涯教育的效果。

第三，坚持全程与阶段、全面与重点相结合的原则。高校生涯管理的内容十分广泛，其关注的是大学生在校期间和毕业以后个人所拥有的所有职位和角色。因此，高校生涯管理是贯穿大学生培养教育全过程的系统辅导体系，必须从其成长发展的客观规律出发，根据其不同阶段心理活动特征和生涯发展特点，制定相应的辅导目标，开展相应的辅导工作，循循善诱地引导和帮助大学生规划和管理自己的大学生涯。在高校管理工作中高校既要制定针对每个群体的全程辅导目标，又要设计他们在校期间每个阶段的目标；既要广泛开展涉及生涯发展各方面的生涯辅导，又要针对不同阶段的需要开展重点辅导。高校只有坚持全程与阶段、全面与重点相结合的原则开展工作才能够真正实现生涯管理目标。

第四，坚持整体辅导与个别指导相结合的原则。大学生生涯发展既有群体共性问题，也存在个体个性差异，因此，高校生涯管理既要有针对共性问题的辅导，又要有针对群体或个体差异的分类或个别的指导。在具体实施过程中，对大学生群体普遍存在的生涯发展问题适宜整体辅导，如采取课堂讲授、专题讲座、主题班会等形式；对大学生个体具体生涯发展问题，除进行集体辅导，还应该重视个体辅导，尊重个体差异。个别辅导应该做到具体分析个体的个性特点，有针对性地进行研究和辅导，指导学生发展能力，开发潜能，引导学生发现自己的最佳发展领域，使每个学生都能在这些领域得到最优发展。

（二）拓展高校生涯管理实施的途径

生涯管理实施途径和工作方式过于单一是当前我国高校生涯教育成效甚微的主要原因之一。因此，高校需要通过建立生涯发展课程体系、校园文化建设、专门指导和咨询服务、开发校友资源等多种途径开展生涯教育，发挥综合作用，以达到最佳效果。

1. 生涯发展规划指导课程

开设大学生生涯发展规划指导课程的目的是指导大学生学习生涯规划知识与技能，引导大学生明确自身未来生涯发展方向，帮助大学生设计与规划人生发展道路。当前，我国大学生生涯发展规划指导课程的主要任务有以下五个方面。

（1）正确认识自我的教育。高校生涯发展规划指导课程主要介绍自我探索的理论与方法，引导学生深入了解自己的能力及能力倾向、兴趣、个性特点等情况，客观分析、认知自身人生价值取向、职业价值观、生涯发展方向等。学生自我认知与学校、教师、同学等的外在评价相结合的方式，可以帮助大学生客观、全面地认识自己。学生开展生涯探索的基础来自其对自我状况和个人价值观的深入了解，因此自我认知教育是生涯发展规划指导课程的基础内容。

（2）生涯规划意识培养和生涯规划知识教育。大学生是生涯规划的主体，生涯规划意识是他们进行生涯规划的前提，只有充分调动其内在规划需要才有可能产生自我规划的动机。因此，高校生涯管理的首要任务是培养大学生的生涯规划意识。生涯规划知识教育主要是让学生了解生涯规划的基本理论、各种职业的基本特征和发展趋势，使学生掌握生涯规划的内涵、特性、遵循原则和影响因素，掌握开展生涯规划的基本步骤与方法，为探索科学的生涯发展途径奠定理论基础。

（3）生涯抉择能力的培养。大学生生涯抉择能力在整个大学生生涯规划中起着承上启下的作用，是高校生涯发展规划指导课程关注的重要内容。生涯发展规划指导课程要帮助大学生了解生活中各种可能选择，面对决策情境能收集、运用已有资料，权衡各种选择之间的利弊进行生涯抉择，包括职业类别、生涯路线、目标、行动措施等。

（4）职业环境的认知教育及职业素质与适应力的培养。生涯发展规划指导课程要尽可能引导和帮助大学生全面、深入地了解当前的社会环境与职业世界，使其熟悉所学专业涉及职业的发展环境，尤其未来该职业的胜任能力要求、组织发展战略以及经济、政治、文化环境等，使其在知己知彼的基础上增强规划的针对性和有效性。生涯发展规划指导课程还要进行职业劳动素质、职业道德、身心素质等职业素质的培训，引导大学生志存高远又夯实基础，具备良好的职业适应能力。

（5）培养大学生开发自身潜能的能力。开发潜能意识的教育与培训是高校生涯发展规划指导课程的重要内容。有心理学家指出，多数人一生只有4%的能力发挥出来，剩余96%的能力还未开发。因此，在生涯发展规划指导课程讲授中教师要给予每个学生充分展示的机会，通过施展自身才能，使其认识到自身的巨大潜能，这种潜能会存在于各种活动中，潜能的开发对人的成功起到很大作用，在一定程度上决定着生涯目标的实现。同时，教师还要培养大学生在生涯发展过程中发现并发掘个人潜能的能力，使大学生能够自觉开发自身潜能。

2. 校园文化活动

高校校园文化活动的内容十分广泛，它通过内容丰富、形式多样的活动对大学生价值观念、道德情操、思想内涵和行为模式的形成与发展发挥着重要的影响。因此，开展丰富多彩的校园文化活动，是高校实施生涯辅导和影响的重要途径。就生涯管理来看，开展校园文化活动的形式主要有班会活动、社团活动、社会实践活动等。

（1）班会活动。班会活动是大学校园文化活动的基本方式，也是大学生自我教育的重要阵地，它不仅具有教育功能，还具有娱乐等功能。班会活动是大学生创新活动的乐园，主要包括模拟表演、分组竞赛、相互咨询、专题报告、节日纪念、现场体验、经验交流、专题辩论、实话实说、总结归纳等形式，它能够吸引广大学生积极参与，调动学生的积极性和创新性。体验式情境培训已经成为班级生涯指导的一种创新形式，受到大学生的欢迎。体验式情境培训是近年来一些高校主题班会开展生涯指导的创新形式，是大学生通过设计职业生涯活动模型和模拟职业活动获得新的知识、工作技能、工作态度的方法。教育心理学相关研究表明，体验式情境培训给学生带来的知识掌握程度要远远超过传统意义上的教学活动。体验式情境培训包括情景活动、角色扮演等方面，让学生能通过亲身体验在较短时间内获得最多的经验。

（2）社团活动。学生社团是自发的有特定活动内容的学生组织，它们实行自我管理、自我服务体系，受学校团组织的统一监管。高校社团活动是参与人数最多、活动范围最广、内容最丰富的学生校园活动，深受广大学生的青睐，已成为大学生展示自己才华的重要载体和校园文化的主力军。高校应将生涯辅导的有关因素有机融入学生社团活动，通过营造生涯发展氛围，发挥社团活动在大学生生涯教育中的载体作用。社团活动对大学生的全面发展有多方面的意义，综合来看主要有三点：其一，学生可在社团学到人际关系技巧与领导技巧，并能够有机会展露自己的才能，有助于其日后的职业生涯发展；其二，参与各种活动与人际交往有助于学生了解自己、确立志向、实现自我发展；其三，参与各种有趣的活动可使学生得到情绪的释放与满足。通过社团活动这种无压力的形式进行生涯教育，无疑会让学生感觉更为从容自如。研究表明，参与社团时投入越多、贡献越大者，其学习和成长收获越丰厚。因此，高校应鼓励大学生积极参加学生社团，以提升自身发展能力。

（3）社会实践活动。社会实践活动有利于培养和提高大学生实践能力和职业技能。大学生在社会实践活动中既磨炼了意志、锻炼了能力、了解了社会，又对所学专业应用前景以及与理想职业匹配情况有了一个感性认识，促进其积极构建与理想职业需求相符的能力结构、知识结构。在实践活动过程中，大学生既可以体验和感悟职业岗位需求变化对职业能力的影响，根据变化适时调整职业生涯发展计划和职业生涯目标，还能够了解当下人才市场对基本职业能力和基本职业素质的要求，明确努力方向，提高行业关注度和敏感度。因此，要充分利用各种资源搭建实践锻炼平台，为大学生创造更多接触社会、了解社会、锻炼能力的机会，如开展大学生志愿者活动、"三下乡"活动、社区咨询服务活动等有明确目标的社会服务性实践活动。

3. 开展生涯规划咨询

高校生涯咨询是高校为了满足大学生生涯发展需要组织开展的一种由专业人员参与的咨询指导服务，目的是帮助学生提高自我认知能力和自助能力，指导学生求职，帮助学生做出生涯决策，最终促进学生的职业成功与生涯发展。

（1）建立咨询室，开通咨询热线。建立生涯规划咨询室、开通生涯咨询热线、为学生提供生涯规划辅导服务是高校生涯管理的工作形式之一。高校的生涯规划咨询应包含生涯发展咨询和心理咨询，由经验丰富的专业咨询人员从事这项工作。生涯发展咨询则以发展心理学、成功心理学、人力资源管理学为理论基础，开展生涯发展与规划的咨询服务。生涯发展咨询的形式主要有面对面个别咨询、团体咨询和电话咨询。

（2）建立生涯资料袋。建立生涯资料袋，为学生生涯规划和发展提供帮助与指导，是高校生涯管理工作的基本任务之一。其主要是利用人格测验、能力测验、职业兴趣测验等专业测试工具定期为大学生开展测量服务，帮助大学生进一步了解自己的职业兴趣、能力倾向、个性特征、社会态度等个性特点，并整理这些信息资料，建立个人生涯资料袋，为将来学生了解自己和指导教师研究做参考。高校一般在大一和大三分两次开展专业心理测试，第一次心理测验是为了了解学生基本状况，第二次心理测验是为学生职业选择提供参考。学生在校期间，其生涯资料袋应不断丰富且充实，高校应将学生参与职业辅导、参加职业活动以及能够反映个体职业心理发展特征的资料均保留下来，以便为将来帮助学生进行职业选择提供依据。

4. 开发校友资源

校友是学校的一笔宝贵财富，他们不仅传承着学校的历史文化，更有着丰富的社会阅历、生涯发展经验和优秀的社会资源。邀请事业、学业有成的校友与学生交流，向同学们传授经验，能够发挥其榜样和示范作用，激发学生的探索欲望和创新意识，有利于引导学生积极主动借鉴校友的成功经验，科学合理地规划职业定位，纠偏避误，扬长避短，更好地适应社会发展需求。

三、构建积极人际支持机制

（一）建立促进家庭支持的沟通机制

对大学生心理健康影响因素的调查分析显示，"从家庭成员处得到理解、支持和帮助"一项影响力得分最高，这说明来自家庭的影响和支持对大学生心理健康发展有着重要作用。许多学者的研究也表明，父母的理解与支持对大学生人际信任、乐观品质、韧性品质、主观幸福感等都有显著影响。

家庭是大学生自出生以来成长生活的地方，大学生与家庭成员间有着深厚的感情和不可替代的信任感，大学生无论是经济上还是心理上都与家庭保持着密切联系，在大学生心理健康发展中家庭应该发挥其必不可少的作用。因此，高校积极促进学生家庭成员对大学生的理解和支持，也是大学生心理健康教育不可或缺的重要举措。

以适当方式让家庭成员了解学校和学生。在信息技术发达的今天，距离已经不再是沟通的障碍，学校可以通过学院网站专栏、QQ群、微信等方式，与学生家庭开通联系通道，定期把学生所在学院或专业的教学、科研、学生工作等进展情况，学生积极参与上述工作取得业绩情况以及学科发展情况和专业的社会需求情况传递给学生家庭，让家庭成员了解学生的学习生活状况，了解学生未来职业发展情况以及学生将会面临的各种挑战等，增强家庭成员对大学校园生活和未来发展的了解，提升家庭成员对学生的理解、关怀与支持。

定期开展不同形式的家长论坛。大学生来自五湖四海，学生家长的受教育程度、生活经历、认识问题的角度、子女教养方式等都存在着很大差别，他们对高等教育认识和了解程度差异也很大，对大学生成长与发展的关注程度和层次差异也很大。面对这样一种现状，学校与家庭之间如果只有单向的信息交流，收效便不会显著。学校还必须通过多种途径和多种形式与学生家庭成员进行交流互动：一方面，调动家庭成员关注学校教育、关注学生成长的积极主动性；另一方面，深入了解学生与家庭成员的沟通联系状况，引导家庭成员给予大学生更多的理解、支持和帮助。具体途径和方式包括举行网上视频论坛、召开年度部分家长见面会、利用寒暑假进行家庭走访等。

开展针对家长的专项教育咨询服务。由于不同学生家庭成员的整体素质水平不同、经历不同、家庭情况不同，学生与家庭成员的沟通情况也不相同，得到家庭成员的理解、支持和帮助的程度也不相同。学生遇到问题可以到学校的专门咨询机构来寻求帮助，但是，单项解决问题的效果会大打折扣。因此，学校要开展家长专项咨询服务，由专门的工作人员和辅导员或学生任课教师来参与服务，为那些与学生交流有问题的家长提供帮助，帮助其与学生重建较好的沟通渠道，达到互相理解，使学生能够感受到来自家庭的温暖。

（二）引导学生群体开展互助活动

大学生群体年龄相仿、生理与心理发展特征相近，在学校朝夕相处，相互之间沟通和帮助便利，更容易相互接受和理解。因此，引导学生开展互助活动，有利于大学生获得人际支持，增强自信心，促进自我接纳。同学之间的互助主要包括学习与生活方面的互助和心理互助。

指导学生组织开展面向广大学生的志愿服务。目前，高校学生群体中的学生组织（这里是指正式组织）主要有党组织、团组织、学生会、班委会以及各种社团，这些学生组织在配合学校管理、丰富校园文化生活以及开展社会志愿服务方面发挥着积极作用。但是这些志愿服务的内容主要是对社会弱势群体的帮困活动，对校内同学开展的志愿服务活动的普遍关注较少。因此，学校应该积极引导校内的学生组织在同学之间开展志愿服务活动，同学之间的志愿服务活动有别于针对社会开展的志愿服务活动，体现为一种群体内的互助，主要包括以下四个方面：一是在生活适应方面的帮助，主要体现为对出现生活不适应情况同学的帮助；二是在学习方面的帮助，主要体现为对那些专业学习确实有困难学生的帮助；三是家庭生活方面的帮助，主要体现为对家庭有后顾之忧或者是经济困难学生的帮助；四是职业发展方面的帮助，主要体现为对那些自我规划能力不足、择业与就业困难学生的帮助。

组织开展学生心理互助活动。学校组织大学生开展心理互助活动主要可以通过"隐蔽式"心理互助和朋辈心理互助的方式开展。"隐蔽式"的心理互助活动主要是通过学生之间匿名沟通的方式，告诉别人自己在心理上存在的某些障碍，以获得大家共同帮助。"隐蔽式"的心理互助活动可通过以下步骤来实现：第一步，学生以匿名的方式写下自己心理上的困惑和烦恼，由年级或者是班级几位同学进行收集和整理，这种方式可以消除学生对隐私泄露的担忧和顾虑；第二步，将收集整理的咨询信件以随机分发方式再发给每一位参与者，这样每位参与者都可以收到一封他人的咨询信，根据咨询信上的困惑，通过自己的理解写下建议；第三步，将同学们写好建议之后的信根据对应的代号反馈给每一位同学；第四步，对反馈回来的各种建议进行归纳总结，提炼出比较典型的案例，然后组织小组讨论，以提高每位参与者对这些问题的认识。朋辈心理互助是指同龄人之间进行的心理辅导。具体做法是学校面向学生群体招募朋辈辅导员，学生自愿报名参加，对招募来的符合基本要求的志愿者进行系统的专业培训，经考核合格后，这些志愿者根据自己所掌握的专业知识为需要帮助的学生提供一些专业性的建议或指导，帮助受助者开阔思维、缓解压力，摆脱心理困境。

第六章

高校师资队伍建设与管理模式创新

第一节　高校师资队伍建设管理的意义

一、助力高校建设

教育是国家的根本大计，能为国家创新发展提供有力支持，对国家文化软实力与国际地位的提升都具有重要意义，更为中华民族永久屹立于世界文化之林提供重要保障。作为人口大国，我国需要通过教育教导国民，向国民传授专业的知识经验与专业技能，同时提升国民素质，引导国民建设社会与国家，推动我国迅速从"人口大国"向"人口强国"转变。教育有助于我国更充分地发挥人力资源优势，在国际上处于主动的战略地位。

高校作为人才培养的大本营，担负着为国家发展、社会建设、经济发展输送高质量人才的重任。高校教师队伍是具有高学识、高学历的群体，他们的教学水平对人才培养质量有直接的影响，因此高校师资队伍建设成为高校建设的重要内容，而加强高校师资队伍的管理与建设，有助于创造更多优秀的科研成果，培养出更多优秀的青年人才，从而推动高等教育更好地发展。

一所高校只有具备了一流的师资，才能培养出高质量、高素质的人才。建设"双一流"高等教育的一个目标就是打造世界闻名的一流高校。一流高校不仅要具备坚实的硬件基础，如优良的科研设备、完备的现代化教学设施以及和谐的校园环境等，而且要具备优秀的软件基础，如组建专业化的科研团队，高素质、高水平的教师队伍等。在"软""硬"结合的情况下，用坚实可靠的软硬件基础支持上层建筑，从而建设有特色、有实力的高等学府。

二、助推教育事业发展

受办学条件差异与地区差异等条件影响，高校在教师待遇、教师管理方面没有形成统一的标准。在国内外教育形势不断变化且无法预测的情况下，加强并重视建设和管理高校师资队伍，进一步推进教育改革，才能让我国的教育事业更上层楼。

高等教育延续至今，已有千年历史。而高校作为高等教育组织开展的场所，无论社会发生怎样的变化，始终充当着"学问之府"的角色，承担着加工、保存、传播、传承思想、文化、知识、经验的责任。高等教育的本质可以通过知识活动过程与结果的学术性体现出来。高校作为知识中心，为知识经济的发展提供了源源不断的动力，并逐渐成为深刻影响国家未来发展的决定性因素之一。高校教师是知识的拥有者与传播者。在某种意义上，以教师为主的人才创造、传播、应用知识的过程就是高校发展的过程。没有教师，高校将不具备价值；没有高水平、高质量的教师，高校将无法充分发挥其人才培养与知识创造、传播的功能。

（一）满足知识创新的需要

随着知识经济时代的到来，创新的重要性得到人们的广泛重视。创新是民族振兴和国家兴旺发展的重要动力。在的新时代背景下，拥有信息、创造性思维、技术、创造能力和知识的人才已成为能够影响整个社会发展与经济增长的战略资本。无论任何国家，凭借强大的知识创新能力，都可以在国际竞争中占据优势地位。要增强知识创新能力，首先，要在数量上给予保障，当具备知识创新基本素质的人才足够多的时候，就能够为形成强大的知识创新能力提供数量保障；其次，要着眼于质量的突破，培养部分人形成良好的知识创新能力，以部分带动整体，就可以实现知识创新能力的整体提升。高等教育大众化的发展，可以为国家知识创新能力的整体提升提供数量保障；国家制定并推行人才强国战略与科教兴国战略，则可以在质量上保障国家整体知识创新能力水平的有效提升。

国家的创新能力可分为知识创新能力与技术创新能力。人才是创新的基础，良好的教育是培养人才的重要途径。高等教育一方面要承担为国家发展、社会建设培养高级专门人才的职责，另一方面要肩负服务社会和知识与技术创新的重要任务。高校是完成高等教育的重要场所，高校凭借大量的人才、丰富的知识储备和多学科综合优势，成为科技成果产业化的重要基地与知识、技术创新中心，对社会进步与经济发展起到了不可忽视的推动作用。高校以培养人才和传授知识为历史使命，以创造包括智慧、知识、创新能力、实践能力、创业精神在内的智力资本为更艰巨、更重要的新时代使命。高校应重视传统知识传授模式向创新教育模式的转变，不仅要培养学生良好的认知能力，而且要引导学生形成良好的知识应用能力、知识创新能力与实践能力，将学生培养成具备创新能力和创业精神的高素质、高层次人才。

（二）满足知识共享的需要

知识是知识经济时代的主要财富。很多衡量国家综合竞争力的指标都与知识密切相关，掌握了知识，就掌握了经济发展的命脉。然而，真正拥有知识的人还是少数，大部分人所获取和拥有的知识都十分有限。只有改善了这一点，才能从整体上提升社会乃至国家的竞争能力。掌握知识的人越多，社会越具有活力、越能够快速发展，进而为中华民族在世界民族之林的长久屹立提供保障。对于国家来说，传播、共享知识最主要、最传统的方法就是开展高等教育——通过高校教师组织开展知识活动来实现。精英教育虽然是传统高等教育的一种形式，但能享受精英教育的只有少部分人。而知识经济时代的到来，为知识、文化、经验在全社会中的传播与共享提供了有利条件，使人人都有机会享受精英化高等教育成为可能，推动了传统精英教育的改革与高等教育大众化发展。

（三）建设和管理高校师资队伍的需要

在 21 世纪，进入知识经济时代后，中国高等教育必须直面高等教育大众化的新趋势，而高等教育大众化发展在质量、能力、数量、素质、水平、结构等方面对高校教师队伍建设提出了一系列新要求。高校师资队伍建设一直保持与高等教育同步发展，知识经济时代到来后，不仅高等教育进入大众化阶段，高校教师队伍建设与管理也进入新发展阶段，新发展阶段要求高校教师队伍积极寻找和尝试更有效的新管理方法，及时对传统管理方式进行调整和改革。高校作为生产、传播、应用知识的综合载体，在知识社会中充当重要角色，成为创新科学知识、培养高层次创新人才的重要基地。因此，结合高等教育大众化发展与高校教师队伍建设需要，找出一种能适应高等教育在知识经济时代发展要求的高校教师队伍管理新模式，对高等教育和我国教育事业的发展有着重要的意义和作用。

三、传承人类文明

在教育事业发展过程中，建设与管理高校教师队伍作为其中的关键环节，其加强有利于为社会培养大量具有较高文化修养、知识涵养与素质能力水平的优秀教师。在教书育人过程中，广大教师不仅向学生传播了从古至今沉淀下来的知识、文化、经验，推动了人类璀璨文明的延续，而且在科研过程中不断探索人类文明，使人类文明日趋丰富，这对文明创造、美好和谐的人类社会的构建具有重要意义。

第二节　高校师资队伍建设的理论基础

一、马克思主义关于人的全面发展的理论

人的全面发展理论与全面提高个人能力和素质的发展理论、全面丰富的发展个体社会关系的理论以及全面符合人的个性发展的理论密切相关。马克思主义理论将人的全面、自由发展作为最高价值目标，并自始至终对此做出强调。马克思主义关于人的全面发展理论为高校教师队伍建设管理工作规定了发展要求与目标取向，成为该领域重要的理论依据。

（一）立足人的需要和劳动能力的发展视角

人类的需要引发人类的生产活动。人的发展需要以人的生存需要为基础和

前提。人类活动的本质是劳动，在劳动过程中，人的需求会随着人的发展和社会进步不断改变。在资本主义私有制条件下，人类的劳动在一定程度上发生了异化，成为人类维持生存的手段。人的发展需要是升华了的人的生存需要。在人的活动发展过程中，共产主义社会为异化劳动转变为自由劳动奠定了基础。由此可见，随着社会历史的不断发展，人类实现了自身能力的多方面进步。

（二）立足人的个性发展和社会关系发展关系视角

在日常生活中，人得到了自由、全面的发展后，能够自主支配自己参与的活动，并在活动中获得主人翁的感受，从而对劳动产生热情，调动更多的创造力与内驱力完成活动。与此同时，人在这样的活动过程中会得到更加全面、自由的发展。人是社会的人，人的个性发展、能力提升、需要变化与社会活动息息相关。

马克思在社会关系的发展基础上，认为人的发展可分成依赖人、依赖物、依赖能力三个阶段，反映的是人的社会关系的发展变化。在人类社会发展初期，社会关系远不如现在复杂，人的发展自然达不到全面的程度。虽然资本主义社会有非常丰富的社会关系，但片面、异化的社会关系并不利于人的自由、全面发展；而在共产主义社会中，劳动仅作为满足需要的活动，不再成为人们的负担。这种以需要为前提的劳动使社会关系得以极大丰富，推动了人向自由、全面的方向发展。只有在共产主义社会中，全体社会成员才能得到全面、共同的发展，同时有效避免阶级、少数人的片面发展。高校组建教师队伍的终极目标在实质上与推动人自由、全面发展相一致，要求高校在选拔、培育、任用等各方面、各环节中都确保把教师队伍建设工作做好、做实，充分调动教师在教学工作中的主动性、积极性与创造性，组建育人水平高超、业务能力精湛、政治素质过硬的高素质、高层次的高校教师队伍。

高校必须坚持马克思关于人的全面发展理论的指导，以促进教师全面发展为切入点，改善与加强高校建设和管理教师队伍的工作。人具有多样的素质与能力，人全面发展和提升其素质与能力，从实质上看是"人的才能的全面发展，包括人的体力、智力、自然力和社会力等最大限度地发挥"。教师的素质与能力会在较大程度上影响学生素质与能力的养成。保证高校建设和管理教师队伍的各项政策措施的精准落实，是从整体上提升教师素质与能力的一项大工程。

二、战略人力资源管理理论

（一）战略人力资源管理的主要特点

1. 以"人"为中心

就战略人力资源管理而言，"人"是资本、是核心，战略人力资源管理就是对"人"进行一种心理上的、动态的开发与调节，是以"人"为出发点的"服务中心"。战略人力资源管理的目的在于从系统上优化人与事，为企业争取最大化社会效益与经济效益。就非战略人力资源管理而言，"事"是中心，"人"是成本、是"工具"。非战略人力资源管理强调在单一方面对"事"进行静态管理和控制，是以"控制人"为管理目的和管理方式的"权力中心"。

2. 占据企业部门核心地位

战略人力资源管理不仅是企业经营战略的重要内容，还是企业的核心部门，它以推动企业长期可持续发展为目的。战略人力资源管理不仅服务于企业的经营战略，而且在企业文化建设、组织建设、系统建设的方方面面发挥着重要作用。它通过企业文化对企业的系统、组织与战略进行整合，保证执行和实现企业战略，为企业的长期稳定发展与效益持续增长提供支持。

3. 具有较高灵活度

战略人力资源管理科结合企业的实际情况、国家及地方的制度、人事规定等，灵活地制定与企业发展需求相符合的各种人力资源政策，建设并完善人力资源管理体系，为企业实现经营战略目标提供保障与支持。非战略人力资源管理侧重于制度的执行，即依据上级主管部门制定的劳动人事管理规定、国家发布的劳动人事政策、企业制定的人事管理制度进行管理。

4. 具有主动性和全面性

战略人力资源管理要求人力资源管理者以企业长期可持续发展为出发点，

站在企业战略的高度，对人力资源现状进行主动诊断和分析，以及时、准确地为决策者提供人力资源方面的各种有价值的数据，协助决策者制订和落实详尽而具体的人力资源行动计划，为企业执行与实现战略目标提供支持。非战略人力资源管理则只能站在部门发展的角度，对人事事务及其相关工作的合规性、规范性做出强调，仅用于传达决策者的战略目标等信息。

（二）战略人力资源管理模型

战略人力资源管理模型包括四个层次：第一层是企业开放的外部环境，对企业人力资源环境有决定性影响，对企业战略的制定也有很大影响；第二层是公司战略层面，决定了企业直接参与市场竞争的方式，是企业目标的制定层面；第三层包括企业领导、企业结构、企业文化、企业人员，能支持企业战略的实施，对企业战略实施结果是否成功具有决定性影响，是企业的关键部分之一；第四层是传统人力资源管理工作的重点区域，是具体的人力资源战略层，要求企业各部门人员相互配合。这四个层次以企业目标为轴心，相互配合，共同发挥作用，推进企业目标的实现。在实现企业发展目标的过程中，无论哪一层次的缺失都会导致企业战略无法顺利实施、企业目标无法实现。从战略人力资源模型可以看出，战略人力资源管理理论是建立在企业管理的具体特点这一基础上的，这四个层次涵盖了开发、招聘、考核、薪酬四个方面的内容。本书结合高校教育活动的特点与教师队伍分类管理的具体情况，重构了这四个层次的内容，将高校教师队伍分类管理解构为分类调配、分类考核、分类聘任、分类薪酬、分类推出、分类培训六个方面的核心内容，并进行细致的分析。

三、教师生涯发展理论

教师生涯发展是对教师专业发展做出的纵向解读，是指教师的职业能力、职称、素质与成就等随时间迁移发生变化的过程和教师的心理及其体验发展变化的过程。教师生涯发展理论可分为四种派别：教师生涯阶段理论、教师生涯实现理论、教师生涯发展周期理论、教师生涯循环论。

（一）教师生涯阶段理论

该理论以多个方面为切入点，将教师生涯发展划分出多种形式。在教师的关注方向上，教师生涯被划分成四个阶段，依次是教学前关注阶段、关注生存阶段、关注教学情境阶段、关注学生阶段。从教师专业成熟的角度看，教师生涯发展的四个阶段，分别是成长期、形成期、专业全能期与成熟期。从教学效能的角度看，教师生涯发展的四个阶段，分别是探索阶段、专业的教学阶段、发明试验阶段、转换阶段。此外，在其他方面，还可以将教师生涯发展划分成前专业阶段、起步阶段、成长为专业工作者阶段、最佳专业水准阶段、自我和专业的再定向阶段、专业再发展阶段、退休前阶段。

（二）教师生涯实现理论

在教师的外显行为与自我作用层面，教师生涯发展可划分为五个阶段，分别是预备生涯阶段、专家生涯阶段、退缩生涯阶段、更新生涯阶段、退出生涯阶段；在教师自我批评反思的作用层面，教师生涯发展也可以划分为五个阶段，即生存关注阶段、非关注阶段、任务关注阶段、虚拟关注阶段以及自我更新关注阶段；在教师自我反思层面，教师生涯发展可划分为四个阶段，即持续时间不等的学者期、从教时间持续 3 ~ 5 年的学徒或熟悉教学阶段、持续时间不等的反思和理论认识期、从教时间持续 6 ~ 7 年的个体经验积累或成长阶段。

（三）教师生涯发展周期理论

在年龄维度上，教师生涯发展周期理论将教师生涯发展划分为三个阶段，分别是职业发展期（20 ~ 40 岁，第一阶段），职业绩效期（41 ~ 55 岁，第二阶段），职业维持期（56 岁至退休，第三阶段）。有学者基于这一划分结果进一步细化，将原本的三个阶段分为五个阶段：第一阶段为 21 ~ 28 岁，教师在这一阶段步入成年人的世界；第二阶段为 29 ~ 33 岁，教师在这一阶段经历了 30 岁的洗礼；第三阶段为 34 ~ 40 岁，教师在这一阶段找到了自我定位；第四阶段为 41 ~ 50 岁；第五阶段为 51 ~ 55 岁。

在教龄维度上，教师生涯发展周期理论将教师生涯发展划分为三个阶段：

教龄在 1 ~ 6 年的初始教学期，教龄在 7 ~ 15 年的建构安全期，教龄超过 15 年的成熟期。纽曼（John Henry Newman）以 10 年教龄为平均跨度，对教师生涯发展做出了另一种划分：教龄处于 1 ~ 10 年为第一阶段，教龄处于 11 ~ 20 年为第二阶段，教龄超过 20 年进入第三阶段。无论是按照年龄维度划分，还是按照教龄维度划分，都是以时间为线索对教师生涯进行划分，对教师专业发展各个阶段不同的特征进行探讨，为培养、培训教师及相关研究的开展奠定了基础。

（四）教师生涯循环论

教师生涯循环论指出教师生涯是一个复杂多变的、动态的过程，将教师生涯发展划分为职前期、职初期、能力建构期、热情与成长期、职业挫折期、职业稳定期、职业消退期和职业离岗期等八个阶段。在每个阶段，教师的成长需求都是不同的，针对教师在不同成长阶段的多元化需求，采用不同的支持系统与相应的激励措施，能有效促进教师在职业生涯中的长远发展。

教师生涯循环论较为关注个人生活环境、组织环境对教师生涯发展的影响，但其落脚点更侧重因素层面与突发、后发时间，相对忽视能长期、稳定地对教师生涯发展产生影响的因素。

通过分析和考察上述理论，可以发现，教师生涯发展理论对教师生涯的划分和强调了教师个体的能动性，它将教师生涯发展看作教师动态的、主动的发展过程。

从高校教师分类管理研究中引入教师生涯发展理论，可以立足于教师专业发展的角度，促进理论框架研究的进一步深入。在当今教育领域，随着管理科学主义盛行，教育的本质属性被遮挡，各级教育管理者将学校的办学目标、政府评价、绩效等作为管理实践的重点，忽视了在其中起到关键作用的组织成员的实际生活、工作状况等因素。本书力图通过分析教师生涯发展理论，强化高校在研究教师分类管理的过程中对教师的生理特点、心理特点、年龄、教龄等因素的关注，着力于分析高校教师生理与心理随其年龄、教龄的增长发生的动态变化趋势及过程，并将此与高校教师分类管理的各个环节（如分类薪酬、分类调配、分类聘任、分类退出、分类考核、分类培训等）密切结合起来，在明确高校教师生涯发展特征的基础上，对更加科学的高校教师分类管理模式进行探寻。

第三节 互联网时代高校师资管理模式的创新

一、构建国际培养模式

无论是建设创新型国家的战略目标，还是经济的国际化发展，都需要培养熟悉国际管理、具有国际视野的国际化人才。高校是培养高级人才的基地，高校教师队伍是培养高级人才的主体，培养国际型高级人才必然先培养或组建国际化的师资队伍，这既是人才强国战略的核心要求，又是其根本保障。推动高等教育的国际化发展，不仅要注重学生在国家之间的流动，还要注重研究人员与教师的互换与交流。培养和组建一支具有国际观念、国际视野、国际意识的，具有跨文化教育背景与国际教育背景的多民族、多元化的，一流的、国际化的高校教师队伍，是高校执行和实现战略目标与长远发展的必然要求。因此，我国高校应积极推进教师队伍一流化、国际化进程，构建国际化的人才培养模式。

（一）师资队伍国际化的内涵

师资队伍的国际化包括知识文化结构、人员结构、人员交流结构、学缘结构四个方面的国际化，这四个方面综合起来，就构成了师资队伍的国际化。

知识文化结构国际化指高校具备并运用达到国际化人才标准的知识文化、教育理念、技术方法建设和管理教师队伍。知识文化结构国际化具有开放性、创新性、通用性、交流性等特征。

人员结构国际化指拥有达到国际化标准的师资队伍人员构成，这要求高校在组建教师队伍与招聘、任用管理人员时，不仅要吸纳毕业于国内高水平高校的人才，而且能接受来自不同国家、地区，具有不同教育背景的高层次人才，可结合专业或学科教学的需要针对性地选聘本土人才与外来人才。

人员交流结构国际化指高校应按照国际化标准，在质量、数量、布局、层次等方面组织教师及管理人员参与国际交流合作活动。除固定交流合作的一些高校、国家和地区，高校还应积极拓展渠道更丰富、形式更多元、范围更广泛、层次更具体的国际化交流对象。

学缘结构国际化指高校应按照国际化标准，在社会实践经历、所学专业、就读院校等方面合理设定教师与管理人员的比例分布结构、层次结构、类型结构。

（二）国内高水平高校师资队伍现行的国际化培养模式

高等教育国际化产生于 21 世纪现代科技发展与经济全球化的结合，并得到全球各地高校的重视。就高等教育国际化而言，师资队伍国际化是其核心部分，其职责与使命是培养高素质国际人才，这一职责与使命的实现可以从根本上保障我国高等教育的国际化建设，也是世界一流高校的战略目标，是全球各地高等学府的共同追求。高水平高校是指能创造原创研究成果、拥有高水平师资队伍，能培养出创新型人才的高等学校。高水平高校可以代表我国高等教育的最高水平。在我国建设和推动国内高校成为世界一流高等学府的过程中，高水平高校发挥着领头羊的作用，可以体现我国发展的战略高度与我国高等教育的核心竞争力。

1. 国内高水平高校师资队伍国际化建设取得的成就

（1）我国高水平高等教育学校师资队伍人员结构中具有境外文化背景的教师、外籍专家、学者的比重显著上升。随着我国教育强国战略的执行，对外开放的水平进一步扩大，综合国力逐渐增强，社会经济迅猛发展，国内高等教育的国际竞争力与国际影响力和教育强国战略施行之前相比显著提高，吸引了大量在国际上具有影响力的专家、学者与留学归国人员参与我国高水平高等教育院校建设和高层次教育、科研工作中。

（2）高校应鼓励和支持高校教师积极参与国际化活动，和国际上其他国家与地区学术领域的高精尖人士交流，开展项目合作，甚至出国深造。高校应从国际上积极引进高层次的专家、学者；同时，我国政府与高校也应重视对师资力量的开发和高层次教师资源培养机制的建设，围绕能力建设这一核心要求，构建完善的教师海外培训体系，为各层次的教师提供出国进修的机会与渠道，通过各高校的留学项目与国家公派留学项目，为教师提供更多海外深造的机会，提高师资队伍的国际化水平。

2. 高水平国际化高校师资队伍的发展趋势

随着科教兴国与人才强国两大战略的不断深化，在"双一流""985 工程""211 工程"等战略项目长期有力的支持下，我国很多高校着力建设高水平国际化师资队伍，并在建设结构、规模、观念、水平上取得了显著成就。然而，为了培养国际一流高校师资队伍，我国高校还需要在培养国际化师资队伍和发展国际化师资教育的道路上立足未来、大力开拓、深入探索、稳步前行。

（1）建设国际化师资队伍的视线焦点从数量逐渐向质量迁移。在培养国际化师资队伍和引进国际人才方面，我国高水平高校已取得了一定成绩。如今，有很多国外学者在我国多个高校担任专职、兼职教授，在高校开展的长、短科研交流与教学活动的数量、频率都有明显提高，但所引进的国际大师级学者与国际顶尖人才数量并不多。对于高校培养高水平、国际化师资队伍来讲，引进人才是一种有效的途径，不仅可以推动师资队伍结构的优化，而且可以使师资队伍拥有更高的国际化水平，其间，将"引智"放在引进国际化、高质量人才工作的第一位，对提高我国高校师资队伍的国际化水平具有重要且深刻的意义。

高校在建设高水平、国际化师资队伍时，鼓励教师积极参与讲学、合作研究、学术会议和出国访学研修等各种国际学术交流活动，基于教师不同的职业生涯发展阶段需求构建专业化发展体系，组建一支高水平、国际化的高等教育教师队伍。然而，就目前来说，我国高校与世界一流高校的交流合作频率还有待进一步提高，我国应更积极地参与世界一流的学术研究会议。加强教师的专业发展，创建具备创新意识与能力的高等教育教师队伍，不仅可以从根本上提高高校的科研学术水平，而且能从根本上保障我国高校增强与国际的交流与"对话"。

（2）树立国际观念与意识，倡导多民族化、多元化的文化结构。高校建设高水平、国际化教师队伍的直接方式有"培养"与"吸引"两种，这两种方式都具有单向流程，在特定情况下，这种单向的师资队伍建设方式是必要且有效的。虽然单向的师资流动方向具有一定局限性，如一味地学习国外先进的教育方法、理念、学术思想，但构不成平等对话、双向交流的作用机制，索取多、贡献少等，会在一定程度上限制我国高校建设国际化师资队伍。所以，在建设高水平、国际化高校师资队伍时，要做好两点：一是培养教师形成较强的国际意识与观念，引导教师积极参与各种国际交流合作活动，与国外教育专家、学者建立对话的契机；二是培养和加强教师发现问题和提出问题并贡献思想的精神，帮助教师实现自我创新与自我超越。在建设高水平、国际化师资队伍的过程中，高校应尊重不同国家和地区、不同民族不同的文化背景，尊重文化差异，认同多民族共存的多元化文化结构，提升教师的外语应用能力和文化素养，引导教师树立正确的国际意识，以包容的心态面对我国与异国他邦的文化差异，在知识交叉互融的基础上，深入接触国际文化，与其他国家和地区进行跨文化交流对话，切实提升师资队伍的跨文化交流水平与国际交流能力。

（3）深化向国际推广汉语的程度，传播优秀中国文化。国际化就是跨文化、跨国界。其中，跨文化可以从多元语言中体现出来，不同文化之间的交叉碰撞，会构成多元国际文化。工具性是语言的一个特点，语言的向外推广和输出程度可以反映出国家的"硬实力"。同时，语言还代表着一个国家教育的国际化水平。汉语是我国的母语，将汉语推广到国际上，加强汉语的对外传播，同时加强优秀中华民族传统文化、人文与历史文化的对外传播，培养大量汉语推广人才，对提高我国高校的国际化水平、促进教师参与国际交流学习、加强国内外高校及师资队伍的交流合作具有重要意义。另外，向国外推广汉语与传播优秀中国文化，有助于吸引更多外国留学生与专家学者，减少甚至清除语言障碍，促进我国高校与国外高校顺利开展项目合作、学术探讨和国际交流活动，强化交流双方文化互动，使我国高校国际影响力进一步提高。

（4）加强与周边国内外高校的区域化建设。首先，高校应加强自身与周边其他国内外高校之间的联系，积极开展交流合作，积极开展教师的交换教学，联合周边高校共建资源共享平台，统一本校与周边高校的课程计划、学分转换制度以及教育质量保障体系等，推动高等教育区域合作项目的建设，将全部资源整合起来，用以加速社会服务工作、科研工作、教育教学工作的开展，提升高校的国际知名度。其次，我国高校应加强与周边国家和地区高校之间的交流合作。受多个方面的历史因素的影响，我国的文化与周边国家、地区虽有相似之处，但仍存在明显差异，这种差异可以通过不同的文化背景、文化的多样性等体现出来。在与周边国家、地区高校合作交流的过程中，我国应构建高等教育区域化建设平台，通过该平台培养具有国际化视野与素质、具有国际化意识的师资队伍，为我国实现高等教育的国际化发展提供推动力量。

（三）构建师资队伍的国际化培养模式

1. 培养教师全员国际化理念

在当今国际中，绝大部分高校都秉承国际化的办学理念，越是顶尖的学府，就越立足全球化角度，对全球性问题展开研究，其教育的国际化程度也就越高。在我国众多高校中，北京大学与清华大学有很高的国际化程度，这两所高校立足国际视野，对高等教育的改革及发展趋势的分析与认识更到位，还能在这样较为全面认识的基础上，对高校的战略目标、发展规划、办学理念做出审视，明确自身在国际高等教育中的地位。清华大学推进建设国际化校园，其经验为国内高校提供了借鉴。培养全员国际化的师资队伍，可从以下两方面着手。

一方面，要将国际化理念推广到国内各大高校，坚持以人为本的师资人才培养理念，坚持实施人才战略，结合高校发展愿景与我国实际情况，培养具有国际意识与国际视野的师资教育人才。在培养教师全员国际化理念的过程中，高校管理者应对高等教育国际化的紧迫性与必要性有清晰的认识，将"引进与培养"并重的方针贯穿于整个培养过程中，对世界高等教育的发展趋势保持密切关注。与此同时，高校还应在领导层达成共识后，进一步深化国际化建设，在全校范围内推广国际化理念，推动国际化办学。

另一方面，从教师自身发展来看，首先，高校应鼓励教师积极与国际顶尖科研机构或高等学府交流合作，将全球共同关注的问题作为重点研究对象，努力提升自身科研教育能力与素质，提高科研作品水平，如论文、科研成果等，提升教师的科研参与度与贡献度；其次，教师应积极参与高校组织的各种国际学术会议，不断丰富自身的阅历与经验；最后，高校应积极举办各种国际化活动，如国际学术交流会议、跨国教学研讨会、跨国合作项目等，邀请享誉国际的知名专家学者和校友前来交流访谈、洽谈合作等。教师可以通过参与高校组织开展的跨国交流合作项目，参与国际交流活动、了解自身在国际中的位置、增强自身的国际影响力，这要求教师精通外语。因此，教师应提升自身外语能力，包括外语阅读

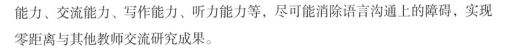

能力、交流能力、写作能力、听力能力等，尽可能消除语言沟通上的障碍，实现零距离与其他教师交流研究成果。

2. 加大国际师资人才引进力度，优化师资结构

高校加速推进师资队伍国际化发展、优化师资结构最有效、最直接的方式就是打破人才引进的常规，有针对性、有计划地从国内外聘请国际知名专家、学者，招揽优秀人才，来校开课讲学、从事教学科研工作。引进具有世界名校教学科研经验和国际化背景的优秀人才，能以其先进的学术理念、丰富的教学科研经验，助推高校师资队伍的国际化建设，提高整体教学团队的科研能力与教学水平，还可以拓宽在校学生的国际化事业，共享国际上优质的高等教育资源。高校在引进国际高级人才的过程中，应结合自身的层次与高质量发展的需求，接受大数据分析结果的科学指导，有目的、有针对性、有计划地引进人才，避免自身条件不合适导致高层次人才无法与发展平台相适应，从而浪费人力资源。高校应力求打造合理的人员结构，发展具有鲜明特色的学科教学，保证学术方向互补。

3. 注重师资队伍的国际化培养，提高教师学术水平

受某些客观因素影响，一些高校无法聘请到国际一流的教学科研教师，但在实际办学发展过程中，这些学校可以立足于校内人才培养，衔接并平衡自主培养优质人才与引进高水平人才两项工作。目前，国内已具备良好的高水平国际化教学科研类人才培养的能力与条件，培养一般学科带头人，可以将国内作为主阵地，但培养高层次人才，尤其是能主导学科发展潮流的优质人才，应为其提供宽广的学术社交空间和学术视野。为了培养出这类人才，高校可以采取联合培养的方式，将本校教师送到国外一流高校交流深造，或与国外一流高校建立长期、稳定的合作交流，帮助教师在国际学术前沿领域快速成长，将其培养成为具有国际视野的学术大师。在人员选择上，高校可选择派遣青年或中年学术骨干教师出国研修，鼓励和支持这些教师在国际刊物中发表文章以及在国际科学研究机构、学术机构中成长，提高教师的国际化水平与国际学术影响力。与此同时，高校应扩大自身与国外高校的交流，提升自身在国际上的地位和影响力。在人才培养上，遵循"引进"与"培养"并重的原则，通过推动人才"引进来"和"派出去"来

加大国际人才交流力度，以此更新师资队伍现有知识和学术理念，实现国内外学术交流信息的有效互换，促进交流双方优势互补，促进整体教学科研水平有效提升，围绕高层次人才这一核心打造出一支有优势、有特色、高水平的教学创新师资队伍，推动整体师资加快向世界一流行列迈进。

二、加快"双师型"教师培养的步伐

对于"双师型"教师的培养，要根据应用型人才培养的需求提升教师的相关能力，建设应用型教师队伍。基于人才培养的需求与目标，促进教师教学能力不断提升，可通过完善的教师培训机制，从数量与质量两个层面发展教师队伍；也可以通过聘请其他高校优秀教师前来本校任教、加强校内外教师之间的交流沟通，对教师的教学科研能力进行培养和提升。此外，高校还应加强与企业等实务部门的合作，积极开展教师培养与培训工作，强化企业工程师与高校教师之间的交流与学习，基于教师教学能力的有效提升培养教师的实践能力，推动"双师型"师资队伍建设。高校应在技术研发、实践研究等方面为教师提供支持与鼓励，及时了解产业、行业的最新动态，时刻关注和了解社会发展的前沿技术，形成以科研带动教学的长效机制。教师的能力、素质、水平能对人才培养的质量产生直接影响。因此，教师不仅要具备扎实、丰富的专业理论知识，而且要有较强的专业实践能力，能在学生参与实践的过程中为其提供全面、科学的指导，兼具工程师与教师的双重资格。高校的完美转型需要加强"双师型"教师队伍建设，保障充足的教师资源以及一流的实践教学质量。

（一）"双师型"教师的内涵与外延

1. "双师型"教师的内涵

鉴于对"双师型"的内涵把握，处于不同视角的不同专家，对"双师型"教师这一概念做出了不同的解读和界定。截至目前，学术界对这一全新的概念尚未形成统一的观点，主流观点有以下几个。

（1）"双职称"学说。一些学者持"双职称"学说的观点，指出要同时达到

以下两个条件才能成为"双师型"教师：第一，必须拥有教授或讲师的身份；第二，具有高级工程师或者工程师的资格。也就是说，"双师型"教师不仅要具备教师职称，还要具备非教师职称，其本身具有一定的特殊性。"双师型"教师在刚被提出时就是"双职称"学说所指的教师，"双师型"即代表工程师与教师两种职称。

（2）"双素质"学说，也称为"双能"说。一些持"双素质"学说观点的学者认为，同时具备教师的专业能力与知识和其他职称（如技师、工程师）的相关能力、素养的教师就是"双师型"教师。另外，"双师型"教师不仅是教师与工程师两种职称身份能力素质的加和，还要求做到全面贯通专业知识与技能，通过自己的理解将教材转化成能被学生理解、吸收的教学语言和经验知识，使学生通过获取相对简单的信息，能够快速理解、学会和熟练掌握一些知识与技能。"双素质"学说主要体现的是"双师型"教师作为"双师"的素质与能力的基本效用与整体特点。

（3）"双证"学说。持"双证"学说观点的学者认为，只有具有相关职业资格等级证书或专业技术职务认知资格证书的专业技术教师才是"双师型"教师。例如，某位教师同时拥有工程师资格证与教师资格证，那么这位教师就是"双师型"教师。这种观点无法说明教师技术水平与职业水平的真实情况。教师可以取得教师系列职称、工程系列职称等很多种相关职称。职业资格指由劳动和社会保障部门，企业、行业等工作单位颁发的相关技能证书或行业资格证书。容易进行考核是该观点中职业资格的最大优势：审查时不需要对其他方面的能力进行测试，只需要教师出示相关证书，就能判断其是否满足"双师型"教师的判定条件。

（4）"叠加"学说。持"叠加"学说观点的学者普遍将"双能"与"双证"两种学科综合起来，认为"双师型"教师首先要持有"双证"，其次要具备"双证"要求的基本技能。"叠加"学说认为"双师型"教师以"双证"学说为基本形式，以"双能"为基本内容与内涵。

（5）"双层次"学说。持"双层次"学说观点的学者认为，"双师型"教师既具备向学生传授专业理论知识的能力，又具备向学生提供技能技术方面的指导的能力，能够引导学生树立正确的世界观、人生观和价值观，帮助学生养成良好的职业道德品质，为学生成长发展指明方向。具体来说，"双层次"指拥有第一层次或第二层次能力的素质教师。

（6）"一证一职"学说。持"一证一职"学说观点的学者认为，"双师型"教师要求校内教师兼具教师职称与其他职业资格证书；在要求兼职教师或校外教师具备教师资格证书的同时，还要其拥有其他职称或非教师系列的高级专业技术职称。

2. "双师型"教师的外延

"双师型"教师涉及两个方面的外延：一是通过专门的培养取得教育行业相关资格与能力的教师；二是从企业、行业招聘的具备教师资格的兼职教师。前者所指的这类教师群体的人事关系与工作都在学校，以学校组织的教育教学工作和参与行业或企业的实践活动为工作重心；后者所指的这类教师群体的人事关系一般不在高校，只将学校作为有效管理和评估其教学工作的主体，这类教师是"双师型"教师群体中必不可少的组成部分。例如，美国社区院校聘请的兼职教师可以有多种构成可能，英国、德国的职业院校聘任的兼职教师数量也在不断增加。究其原因，主要有以下两个：一是高校与地方的经济发展密切相关，很多课程本身具有较强的实用性，需要由一些具有丰富教学和实践经验的教师来承担；二是聘任一些校外具有扎实技术实践能力的兼职教师，将生产实践与课程教学结合起来，对学生进行全方位培养。随着社会的发展，兼职教师必然会成为高校未来教育教学事业的重要部分。需要注意的是，"双师型"教师队伍只能引进总授课量达到一定时长且年授课数超过一定标准或者取得教师资格证的兼职教师，以保证教师的稳定性，保证教师队伍始终有较强的职业能力和道德素养。

（二）高校"双师型"教师队伍建设的对策

1. 转变理念，合理规划"双师型"教师

成为应用型高校是地方高校未来转型的主要方向之一，也是我国经济发展与转型的必然趋势。普通高校转型成为应用型高校，是坚持职业技术发展规律得到的经验，也是我国对比国外办学模式得到的总结。与普通高校相比，应用型高校主要向学生提供的是面向生活与未来就业的教育，其主要的教育形式为专业教

育，与普通高校并行，在高等教育体系中发挥着十分重要的作用。高校应以为国家发展和社会建设培养人才、研发并实施技术以及为地方就业与经济发展提供服务为主要功能。高等教育使人终身受益。我国地方高校的发展与转型，并不是对各种单项改革措施做加法，也不是调整校名，而是系统、全面地改革。为了实现高校的创新性与实质性改革，必须明确并牢牢把握高校的发展标准与目标，并通过国家及政府相关部门的支持，和全体广大人民群众的参与配合，由地方高校主动、积极开展相关工作来实现这一目标。在高校转型过程中，明确的定位与转变的观念都是地方高校自我发展的根本表现，同时能在高校转型过程中起到重要的推动作用，有助于师资队伍结构的优化。为此，地方高校应做到以下几点：

（1）不断转变办学理念。为了有效转型，地方高校应调整传统的办学理念与思路，全面审视当前的高等教育，摒弃高校发展过程中一直以来排斥职业教育的观念和对"高大上"办学规模的盲目追求，应高度重视转型发展和建设应用技术高校的必要性与重要性。所以，为了推动高校顺利转型与社会进步并向社会大众提供更优质的服务，高校应积极建设人才培养通道，有效利用产学研结合的路径，优化理论基础，开设宽口径专业，促进人才培养工作更好地与社会接轨；高校应结合理论知识教育教学与实践操作技能培养，形成并强化培养实践操作能力与创新精神、能力的教学观念；高校应以教师为主导，尊重学生在教学中的主体地位，在教育管理上加强培养学生终身学习和独立学习的能力。随着教学模式与培养方式的转型，以往照本宣科的教学方式无法再提高学校教育与学生培养的成效，这也意味着针对教师的考核内容、评价标准、考核与评价的方式都要做出相应的改变与调整。在转变高校办学理念的过程中，政府与市场机制也应充分发挥其调控调节功能，为高校变革提供全面的支持，科学规划人才强校发展战略，鼓励和支持教师转型发展，有效提升教师的专业实践操作技能，支持和推动高校成功转型。

（2）明晰应用型地位。培养应用型人才以提升实践操作技术层面为重要前提。相较于普通高校，地方高校更注重对学生实践操作能力的培养。因此，高校在转型的过程中不仅要考虑加强教师职业素质教育，而且要加强对人才培养目标与办学定位的理解，基于所得到的普遍认可，将地方高校的实际情况与教师队伍的转型情况紧密联系起来，从外国办学经验与培养和认定"双师型"教师的方式中寻找好的经验适当借鉴，加强对"双师型"教师队伍的建设。

（3）深化与企业间的密切合作。为了获得更强大的力量支持转型的实现，地方高校应扩大与企业合作的范围，创造更多与之有关的组织和人员合作的机会，并合理定位转型学科、扩大办学规模、突出展现未来的发展特色等，打造政府、高校和企业三方协作的研学互融、产教结合、协同发展的人才培养模式。

高校实现"双师型"教师的转型并非一朝一夕就能达到，需要政府、学校、教师通力合作，完成"双师型"教师培训及相关的实践锻炼。高校应基于对自身实际的充分了解，寻找一条符合本校"双师型"教师培养的路径。为了提升教师的理论教学能力与实践技能水平，高校应制订可行有效的培养计划，明晰培养目标并严格实施。具体来说，高校在培养教师的过程中，应分别建立长期与短期目标，细化培养计划，并最终落实到学校与教师身上。在内容方面，地方高校"双师型"教师的转型需要高校明确专业教师未来的发展方向，构建科学的"双师型"教师测评体系系统，围绕教师发展的方方面面进行有针对性的考核。在培训形式方面，地方高校"双师型"教师的转型要求地方高校全面结合在职培养与岗前培训，结合在职学习与脱产进修，结合短期培训和系统长期培训，结合能力提升培训与知识学历培训，对教师的假期与业余时间进行系统的、有计划的利用，安排适当的师资培训，使不同层次、不同专业、不同类型的教师经过培训后在各方面都有所提升。

总而言之，地方高校为了培训转型教师，应制订一个全面、合理的培训计划，并有组织、有计划地逐步对教师的专业知识、教学理念等进行调整更新，同时提升教师的实践技能与学术水平，推动地方高校顺利实现"双师型"教师队伍的转型与建设。

2. 拓宽"双师型"教师队伍渠道、优化师资结构

（1）高校应不断拓宽引进师资力量的渠道。为培养和训练出一支具备较强动手实操能力与专业能力的应用型人才队伍，高校需要充分结合社会人力资源与专业教师优化师资结构。为了达到培养应用型人才的基本需求，高校应坚持围绕解决实际问题这一核心，摒弃重职称和学历而不关注能力的观点与做法，制定科

学的人才选择标准，同时着眼于为技术提出规范标准和行业规范的制定，以新理念、新视野取代不能适应当前时代需求的传统理念和思想，为教师的全面发展打造或提供合适的外部环境，同时不断拓展师资渠道。高校还应在引进人才工作中，不断提升专业标准与职业标准的契合度，并将之与经济社会的发展趋势相结合，建设一支有较高技能实践水平与能力和丰富知识经验的"双师型"教师队伍。

（2）高校应优化师资结构。培养应用型人才的核心要素就是优化教师结构。首先，高校应对学历结构进行优化。具有较高实践操作能力与素质的教师能深刻影响应用型人才的培养，这些素质与能力包括科研思维能力、科学文化素质、专业理论素质等，所以应用型人才的培养对"双师型"师资队伍的建设提出了更高要求。其次，高校应优化职称结构。建设"双师型"师资队伍要求教师具备结合理论与实践开展教学活动的能力，同时要求教师具有较高的科研能力，保持"双师型"教师在整体教师队伍中的比例，学校应结合实际情况设置并保持合理的职称结构。最后，高校应优化年龄结构。应用型人才培养要求高校培养出一支能熟练掌握操作技术且具有一定创造能力的专业青、中年教师团队，要求团队中的每一位教师都保持对工作的热爱，具有开放的思维与健康的身心以及对科研充满热情等。

3. 强化培训"双师型"教师专业技能

（1）合理整合并优化高校内外的实践教学资源。通过委托培养的模式，向相关企业分批次安排教师实习，组织科技特派员积极参与企业中的国际合作研发项目，提升教师实际操作技能与能力，加快教学改革与课程和专业建设；在相关行业中寻找并引进具有高学术水平的专家与丰富经验的技术人员担任教师，向参与实习的教师进行技能传授，搭建并维护企业与学校之间的合作桥梁，组建一支既具备实践能力又具备丰厚理论知识的教师队伍。

（2）建立并完善培养青年教师的路径。高校应组织教师积极参与职业资格与实践等方面的培训，引导青年教师科学地规划自身未来的职业生涯，加快转型，帮助青年教师在成长、职业发展方向、课程上完成定位；高校应积极举办各种知识技能竞赛、教学公开课、学术沙龙等活动，推动教师的职业能力、教学水平不断提高；高校还应建立并实行青年教师岗前专业培训机制，为青年教师提供更多职业锻炼与外出研修的机会，并将之与教师职称的评定挂钩。另外，高校还可以选派优秀中青年教师与专业骨干教师，每学期前往其他优秀高校交流学习，促使本校教师队伍的综合能力与素质水平不断提升。

（3）组织教师与学生一同参与行业企业一线的学习实践活动，促进"产、学、研"更好地融合。高校可利用假期时间，有目的地组织教师与学生分批次进入行业企业，通过多种培训方式锻炼教师与学生，强化他们对专业知识的理解，提升实践技能与经验水平。高校可以聘请行业企业中具有高超技能、丰富实操经验和专业知识的专家来校讲学，向校内师生传授知识技能，帮助在校师生将理论知识与实践技能更好地结合起来，同时对在岗专业教师进行一定的专业培训，提升教师的实践经验积累与学生对创新创业的了解，加快学校培养和建设"双师型"教师队伍的进程。行业企业专家的培训讲学，不仅有助于教师不断更新知识理论体系，及时了解行业最前沿的动态，调整教学内容与教育方式，还有助于学生更新学习观念、学习更多专业实践技能，有助于学生未来就业创业，实现"双师型"师资队伍的建设与人才培养目标的充分结合。

（4）着重研发新一代实训科目与基地。各级各类高校应有条理地、分批次地组织教师前往专门的"双师型"实训基地参与培训，同时利用寒暑假或其他业余时间，聘请一些优秀的技术人员或专家对教师进行培训。就实训基地而言，首先，高校应对教师实行多样化的管理。现行地方高校实训基地的管理模式通常比较单一，应进一步推行多样化的管理模式，建立符合学校转型要求的实训基地，并整合各种现有资源不断完善实训基地的建设，将实训基地的管理和培养方式与师生培养特点相结合，使其提供更系统化、更具针对性的培训。其次，高校应改善实训基地投资主体单一化的状况。一直以来，实训基地仅有政府拨款这一个资金来源，投资渠道单一。为了减轻资金压力，实训基地应积极向社会、企业、高校等方面扩展新的投资主体，建设资源、理念共享的创新型模式，探寻一条多渠道融资、校企合作的道路。实训基地在学校发展的过程中，发挥了重要作用。高校应增加其在实验教学与实训基地方面的投资，加强人才培养的针对性与专业性，提升学校的整体信誉。最后，创办"产、学、研"结合的体系。"产"即企业生产，"学"即学校教学，"研"即科研机构技术研发，三者结合来发展新工艺、新技术，加强生产，有助于通过发展相关应用和技术，为教学的改革与发展提供助力。随着信息技术的快速发展，教学不再是独立发展的活动，高校应将其与国家的科学发展、经济建设相结合，为新经济的发展和学校实训基地的建设提供可靠支持和保障，同时增强教师的科研精神、创新精神与创造能力。相关科研基地与行业企业生产部门应与地方高校积极合作，共同建设科研实验教学场所与实训基地，扬长避短，共同建设新的产学研共同体。为了更好地满足地方高校的学生参与相关培训和实训工作、科研单位开展科研实验的需求，并为其提供有利条件，应充分利用实训基地的高科技设备器材与先进科学技术，持续开发研究生产技术，开展科技咨询，推进科学成果的研究与转化及应用项目的开展，形成良性循环的产学研合作模式，并积极探索更高效的运行机制与教学培训渠道。

4. 构建多元"双师型"教师评价与激励机制

（1）完善教师评价与激励机制，促进教师主动发展。对于高校建设和发展"双师型"教师的问题，应从根本上寻找解决办法，即构建发展型高校"双师型"教师评价体系。因此，高校应从管理、资格认证、人才培养等各方面不断完善教师评价与激励机制。这要求明确培养"双师型"教师的渠道、范围与内容等。改革教师评价，首先，高校要分类管理教师群体，对教师进行适当引导，使其向"双师型"教师方向发展。其次，高校应就"双师型"教师制定相关资格和职业认定标准，明确培训"双师型"教师的要求、标准与数量比例，启动相关的资格认定工作，在评优评先、职称评聘等方面应适当向教师倾斜。再次，高校应通过申请政府拨款或社会筹款等方式，筹集专项经费，为教师培训活动的展开提供保障，同时，联合企事业单位就培养"双师型"教师建立长期稳定的合作关系。最后，高校应就"双师型"教师的培养、教学工作的开展、实践培训的进行建立相应的实践基地与职业教育培训基地，实行"两进、一培、一参与"的制度，并积极尝试多种培训方式，调动教师与其他相关人员的积极性、主观能动性，使他们认同高校的转型发展，保障实践教学工作有序进行，保持师资队伍稳定壮大。

（2）结合教师激励机制与评价机制，充分激发教师在教学科研工作中的创造性。从管理学的角度看，激励本是一种刺激人产生行动动机，并按照要求前进，最终达到预期目标的心理活动。适当的激励有助于充分发挥出主体行动的主动性、积极性，帮助主体更有效率地达成预期目标。现代教育理论指出，调动教师在教学科研工作中的积极性、激发教师的全部动机，是当前阶段的重要课题。在培养应用型人才的过程中，地方高校同样需要激励教师，调动教师的主观能动性与积极性。提升教学质量对培养应用型人才具有重要作用和意义，所以，在实际"双师型"师资建设发展过程中，应分类管理教师群体，设计科学的"科研型""教学型""教学＋科研型""教改型"等多种教师管理体系，引导应用人才培养模式发生相应变革，充分激发各专业教师在教学科研工作方面的热情，建立合理、公平的教师薪资分配制度。首先，高校应组织教师积极参与各类基层实训活动，提升教师的教学水平，并以此为指标对教师的教学进行激励。例如，在教师晋升与评判教师职业素养、专业知识与技能水平、教学能力的指标上，高校可将是否具备一年以上行业企业实训经历作为依据与指标。其次，学校应不断完善奖教基金管理办法，以适当地奖励作出过较大教学贡献或科研贡献的教师，激励其更积极主动地参与科研教学工作。最后，高校应为前往国外应用技术高校进修的教师提供经费支持，培养有意愿、有能力的教师成为"双师型"教师。

三、优化高校教师分类管理模式

不断扩大高等教育规模和我国高校专任教师队伍的规模，其间，庞大的高校专任教师群体会推动我国高等教育事业不断发展。与此同时，在管理方面也会迎来挑战。基于这一背景，对高校教师实行分类管理成为实现我国高校教师进一步优化管理的有效机制，同时成为提升高校师资队伍整体层次质量与促进高校教师专业发展的重要方式。结合高校教师队伍建设现状，高校人事管理制度改革必然经历高校教师分类管理这一阶段。针对高校的人事管理工作，高校教师分类管理提出了分类管理、分类设岗的新人事改革思路，逐步实现了高校人事管理由综合性管理到差异性管理、由身份管理向岗位管理的转变，实现了高校人事管理方法与思路的创新，推动了高校管理体制的创新改革。与此同时，高校教师分类管理还为高校建设高水平教师队伍提供了重要保障。在对教师岗位进行分类管理的前提下，高校教师分类管理围绕教师岗位的不同类型，分别在教师管理的各个环节做出针对性规定，为有序开展高校教师管理工作提供了可靠的操作方案与现实标准，有助于最大限度地发挥高校教师管理效力，有效加快高校师资队伍建设进程。

（一）高校教师分类管理的概念界定

本书所研究的高校教师分类管理是一个综合性的概念，涵盖教育学、管理学、经济学等多个学科。从教育管理学的角度看，高校教师分类管理指在岗位聘任、岗位设置、岗位培训、岗位分析、岗位退出、岗位考核等环节，对不同级别、不同岗位的高校教师，有针对性地采取差异化管理策略，有效推进高校教师专业化建设进程，提升整体师资队伍水平，使高校教师充分发挥其主要带动作用，推动高校的建设、转型与发展。从管理学的视角看，高校教师分类管理是从身份管理到岗位管理的转变，实现对高校教师的管理是高校教师聘任制得以深化改革、高校人事管理制度改革进一步落实的重要体现。从经济学的角度看，高校教师分类管理就是分类开发高校教师人力资源的过程，通过设置高校教师岗位的类别并对其实行分类管理，可以使高校有效提升开发教师人力资源的水平，同时提升高校教师的"生产力"水平，充分发挥高校教师人力资源在科学研究、高校知识传承、社会服务、知识技术创新等方面的作用。

（二）高校教师分类管理优化的具体策略

1. 建立、健全高校教师分类管理制度体系

高校教师分类管理的有效实施需要完备的高校教师分类管理制度体系作为指导和保障，只有建立健全高校教师分类管理制度体系，我国高校教师分类管理工作才能有针对性，事半功倍，取得良好的管理效果。高校教师分类管理制度体系的建立健全需要在构建科学、全面的高校教师分类标准的基础上，从各个层级和方面着力。

（1）构建科学、全面的高校教师岗位分类标准。科学、全面的高校教师岗位分类标准是高校教师分类管理的基础和前提，只有依据科学、全面的高校教师

岗位分类标准，对高校教师岗位进行科学分类，才能真正实现科学的高校教师分类管理，提升高校教师分类管理效果。高校自身发展现状的差异和当前的分类发展战略，对于高校专任教师队伍建设和专任教师自身发展都提出了不同的要求。反映到高校教师岗位分类方面，则是要求不同层次、不同类型的高校针对自身发展现状和发展战略制定符合实际需求的高校教师岗位分类标准，无论是当前流行的"三分法""四分法""五分法"，还是其他分类标准和方法都应与高校发展实际需求相适应。高校应进一步提升教师岗位分类标准的科学性、全面性和适应性。同时，科学、全面的高校教师岗位分类标准一定是人性化的、充分关注高校教师个人发展需求的。科学、全面的高校教师岗位分类标准，不仅应充分关注高校教师性别、年龄等生理、心理发展特征，进一步彰显高校教师岗位分类对教师的人性关怀；而且应充分关注不同学科、不同层次、不同发展阶段的高校教师的发展需求，在高校教师岗位分类中充分关注高校教师的专业性特征，进一步提升高校教师岗位分类的科学性。

（2）构建政府、学校、社会等多方协同的制度结构。我国高校教师分类管理制度体系的构建需要各级政府、学校、社会共同着力、多方协调。在政府层面，针对我国高等教育事业发展的实际需要和高校分类发展战略的现实需求，国家制定并出台诸如高校教师分类考核、分类聘任、分类薪酬、分类退出等方面的高校教师分类管理法规、制度，为高校教师分类管理提供明确而全面的法律支撑。在地方层面，地方人民政府应遵循国家有关高校教师分类管理的相关政策规定，结合地方高校发展实际，进一步完善地方层面的高校教师分类管理制度。在学校层面，各个高校应结合学校发展战略和自身的办学水平、办学条件、教师队伍状况。在遵循国家和地方相关法律法规的基础上，构建符合本校发展实际的教师分类管理制度体系。在社会层面，各个社会组织、行业协会应针对社会与高校的联系与合作，切实完善诸如高校教师校外兼职、社会服务等方面的制度规定，构建起社会层面的高校教师分类管理辅助制度体系。这样，通过国家、地方、学校和社会等各个方面共同着力，构建起高校教师分类管理制度体系，可进一步明确各方在高校教师分类管理当中的权责，提高各方在高校教师分类管理工作中的协调性，提升高校教师分类管理工作的效率和效果。

（3）构建起全域的高校教师分类管理制度结构。我国高校教师分类管理制度体系的构建需要从高校教师分类聘任制度、分类调配制度、分类培训制度、分类薪酬制度、分类考核制度和分类退出制度六个方面着力，构建起全域的高校教师分类管理制度结构。具体做法包括：①结合高校发展实际，制定能够吸引适合高校发展的人才的高校教师分类聘任制度；②构建能够促进人才、智力良性流动的高校教师分类调动制度；③构建能够提升教师核心素养的高校教师分类培训制度；④构建能够体现公平的高校教师分类薪酬制度；⑤构建能够激发教师活力的高校教师分类考核制度；⑥构建能够实现教师队伍优化的高校教师分类退出制度。

2. 提升高校的教师分类管理水平

（1）扩大高校办学自主权，提升高校在教师分类管理当中的主动性。扩大高校办学自主权，需要处理好高校内部和外部两个层面的权责关系。一要处理好高校与政府的权责关系。二要处理好学校与二级学院、科研机构的权责关系。在高校教师分类管理中，涉及教师人事管理权责在校内的分配和协调问题。随着中国高校制度建设现代化、高校治理结构的不断优化与管理重心的下移，二级学院作为重要的办学实体，其治理问题已经成为高等教育理论研究和实践探索的重要课题。在高校教师分类管理上，二级学院作为重要的办学实体理应承担相应的管理责任，在高校教师分类聘任管理、分类调配管理、分类培训管理、分类考核管理、分类薪酬管理和分类退出管理等环节应具备相应的话语权并承担相应的责任。只有有效协调校、院两级在高校教师分类管理当中的权责关系，才能真正提升高校教师分类管理的针对性、务实性和科学性。

（2）提升高校统筹协调能力，实现高校教师分类管理的多部门协同。提升高校在教师分类管理工作中的统筹协调能力，包括以下几点：一是完善高校教师分类管理的统筹协调制度。进一步明确高校在教师分类管理中的统筹协调的责任和权力，明晰高校校级层面和人力资源部等各相关部门在高校教师分类管理中的权责和协同机制，为高校在教师分类管理工作中统筹协调功能的发挥提供坚实的制度支撑。二是建立高校教师分类管理的统筹机构。高校教师分类管理统筹机构需要从校级层面着手，成立教师分类管理事务委员会，就教师分类管理工作中涉及的多个部门的事务进行统筹协调，提高人力资源部、财务部、科研部、教务部等高校教师分类管理相关部门的协同性，提升高校教师分类管理工作的效率。三是针对高校教师分类管理工作构建统一的反馈、评价机制，针对涉及多个相关部门的教师分类管理事务的处理过程和结果进行客观、全面的评价反馈，对存在的问题和风险及时纠正，以逐步完善高校教师分类管理的统筹协调机制。

（3）完善高校宣传机制，提升高校教师对高校教师分类管理的认同感。加大高校教师分类管理制度在高校教师群体中的宣传力度，应做好两方面的工作：一方面，在高校文化建设中突出教师分类管理的相关思想和内容，将高校教师分类管理思想通过校园文化熏陶的方式逐步渗透到高校教师群体中，使高校教师在思想上逐渐认同高校教师分类管理。另一方面，高校还应加大对高校教师分类管理相关制度的宣传力度，将关系到广大高校教师群体的教师分类管理相关制度切实传达给每一位教师，加强高校教师对分类管理相关制度的理解和认识。同时，高校在具体的教师分类管理工作中应注意相关政策的执行情况，使广大高校教师在具体的管理事务中理解和体会相关制度的思想和内容，进一步强化自身对高校教师分类管理的认识。

（4）强化高校差异化管理理念和措施，加强对高校教师的人性关怀。在高校教师分类管理中进一步关注教师差异，加强对高校教师的人性关怀。一方面，高校应进一步优化高校教师分类标准，在高校教师分类标准的构建过程中充分考虑高校教师学科发展特点、年龄、生理和心理状况等，进一步提升高校教师岗位分类的科学性、合理性，在此分类标准上的高校教师分类管理才能够真正实现其服务和保障教师成长，提升高校教师人力资源质量。另一方面，在具体的高校教师分类管理事件中，应坚持以人为本的服务理念，增强高校教师群体的服务意识，提高高校教师分类管理工作的灵活性、主动性，使高校教师分类管理工作能够切实尊重高校教师的客观差异，保障高校教师的基本权益。

（5）构建专业化的高校教师分类管理教育职员队伍。只有将高校教师分类管理专业人员队伍建设纳入高校分类发展战略下的专业管理人员队伍建设体系当中，才能最大限度地实现人力资源共享协同，使高校教师分类管理工作真正地落到实处。具体如下：一是着力构建高校教师分类管理的专业人员队伍。高校应从教师分类管理出发，统筹人事部门、财务部门、教务部门等教师管理相关行政机构，着力打造具备教师分类管理知识和能力的专业管理人员队伍，提升高校教师分类管理的专业化水平。二是着力推动高校行政管理人员转变身份观念，从传统的事业编制理念中的"单位人""国家干部"等身份中走出来，确立契约观念，通过高校教育职员聘任制构建高校教育职员与学校的契约关系，实现对高校教育职员队伍的管理由身份管理到合同管理的转变，提升对高校教育人员的管理水平，并助推高校教师分类管理水平的提升。三是明确高校教育职员的法律身份，保障高校教育职员权力的有效行使，避免高校教育职员权力越界。这体现在以下两个方面：一方面，高校应通过制定和完善相关章程，实现高校教育职员行政权力的合法化，保障高校教育职员在教师分类管理过程中行政权力的有效实施；另一方面，高校应在整个社会从管理行政向服务行政转变的环境下，实现高校教育职员的服务者、支持者等角色的明确化、制度化，保障高校教育职员在合理的范围内履行其权责，避免权力滥用，进而保障高校教师分类管理的科学、有序。

3. 完善高校教师分类管理的评价机制

完善的高校教师分类管理评价与反馈机制有助于科学地引导和规范高校教师分类管理工作，促进高校教师分类管理的不断优化。完善高校教师分类管理的评价与反馈机制主要从评价指标、评价机构、评价对象和评价结果的适用等方面来开展。

（1）构建符合高校教师分类管理实际的科学评价指标体系。高校教师分类管理的评价应在具体管理实践中进行，根据现代人力资源管理理念及核心内容，结合高校教师分类管理岗位分类、职责匹配、差异化管理等基本原理，构建出一套符合高校教师人力资源管理特征的评价指标体系，如高层次人才引进率、优秀教师流失率、教师分类培训完成率、教师分类考核完成率、教师分类薪酬计算的准确性和及时性、教师与学校劳动纠纷数量、教师对高校人力资源管理与服务工作的满意度等。在高校教师分类管理的评价实践中，应坚持定性评价与定量评价相结合，力求准确、客观地评价高校教师分类管理的成效。

（2）引进第三方评价机构。第三方独立机构的介入有利于以公正、权威的非当事人身份，根据法律、合同或标准进行评价，从而提高效率，降低风险。现代高校制度的构建需要高校内部、外部治理结构的改革和优化，通过完善高校管理评价机制，引入第三方评价机构，以实现真正意义上的社会参与，提高高校教师分类管理评价的效率并保障其科学性、客观性和公正性。政府和学校通过购买服务的形式，引入独立于政府、学校的第三方评价机构进行高校教师分类管理工作评价，可以有效实现管理与评价的分类。

（3）明确评价的对象。高校教师分类管理的评价，其对象是高校教师分类管理工作。高校教师分类管理工作的成效不仅包括高校教师队伍建设情况，还包括高校教师个体的专业发展情况和高校整体的人力资源管理情况。高校教师分类管理的评价，既要考虑高校教师群体的发展，也要考虑高校教师个体的成长，更要考虑高校的整体发展。只有这样，高校教师分类管理的评价才更全面，才能切实地反映高校教师分类管理工作的实际情况，从而达到预期的评价效果。

（4）重视评价结果的适用。评价的目的是更好地反映工作状况，为工作的优化提供客观而全面的参考依据。国家和高校应充分重视高校教师分类管理的评价结果，从评价结果中发现问题、分析原因、优化工作。针对高校教师分类管理的评价结果，高校人事处、财务处、科研处等相关部门要及时对照检查，不断优化高校教师分类管理工作，提升高校教师分类管理工作水平。

第七章

高校教育管理体制的改革路径

第一节　高校教育管理体制现状分析

教学管理是指学校领导和师生员工共同遵循教学规律，充分发挥管理职能，通过各种管理手段和方法，对教学系统的各个要素（学生、教师、教材、教学、设施等）进行合理组合，使教学管理的组织机构协调运转，教学活动有序、高效运行，完成国家颁布的课程计划、教学大纲和教科书规定的教学任务，实现教学目标的职能活动过程。教学管理的任务是根据确定的培养目标，按照一定的管理原则、程序和方法，组织和协调教学过程中的人力、物力、财力、时间和信息等，建立正常、相对稳定的教学秩序，以保证教学过程的畅通，使教学过程达到协调化、高效率与最优化，确保教学任务的完成，培养德智体全面发展的合格人才。教学管理在高校的管理工作中之所以居于重要的地位，主要有三个原因：第一，学校的基本任务是培养人才，学校的各项工作都必须围绕培养人才这个中心展开，而人才培养在一定时期内仍将通过教学活动进行，学校的各个方面几乎都离不开教学这一教育形式；第二，教学管理受教学过程的客观规律制约，教学过程是方向不确定的动态系统，因为教学过程的随机因素复杂，其效果的不确定性非常显著，即教师教了以后，学生不一定就懂，要使教师教好，学生学会并且学好，就要有一定的措施加以保证，这就需要教学管理规范教学活动，形成教育合力，提高教育效果；第三，教学管理担负着对学校全体教师和学生的管理工作，学校管理最重要的是对人的管理，教师和学生都是活动中最重要的因素，也是学校的主体。教学质量的高低，学习效果的好坏取决于教师工作的主动性、积极性以及学生学习的态度和方法。因此，对教师和学生的管理对于学校整个管理具有非常重要的意义。

一、高校教学管理的职能分析

教学管理活动必须正确、恰如其分地发挥管理职能，才能形成有效、系统的管理。通过对教学管理活动的实践和理论研究，决策与计划、组织与实施，指挥与协调，监督与检查，评价与控制，既是教学管理过程中相互联系的环节，也是其应有的职能，大致可以做如下划分。

（一）决策与计划的职能

决策与计划是教学管理的首要职能。决策就是人们对未来实践的方向、目标、原则、方法和手段所做出的选择和决定。计划是根据决策和目标的要求，进行统筹安排，拟定实施方法和程序，制定相应的策略、政策等。决策是计划的前提，计划使决策具体化，决策与计划是整个管理工作的基础。教学管理决策包括目标预测和目标决策。高等学校作为培养国家高级人才的基地，对人才培养的目标有明确的规定。教学系统发展的目标是指与教育目标相适应的办学规模、办学条件、师资队伍等方面的发展目标。目标决策主要是对教学目标和教学管理目标的决策，教学目标包括教学总体目标和教学过程各个阶段的具体目标等，教学管理目标包括教学管理总目标和教学思想管理、课程管理、教学质量管理、教师管理、学生管理等子系统的具体目标。

教学管理计划包括教学规划、教学计划、教学政策法规和教学管理工作计划等。教学规划是学校教学工作整体的、较长远的发展设想和计划，包括规模、方式、方法等总体目标和总的方向。教学计划是学校组织实施教学的总体设计，包括培养目标、规格、课程设置和要求、学时和教学环节分配等方面；教学政策法规包括国家依据教育目的而发布的规定、条例、规则和学校为了完成培养人才的任务而制定的规章制度等。教学管理工作计划包括组织和管理教学的各类工作计划，如招生工作计划、毕业工作计划、师资培训计划等。因此，教学管理计划是一个内容广泛的计划体系，计划功能对于教学管理系统具有特别重要的意义。

（二）组织与实施的职能

组织与实施是教学管理系统的一项重要职能，指按照决策目标要求，把系统中的各种要素组织起来，执行管理计划，使教学管理计划能够付诸实施。组织与实施功能，具体包括两个方面：组织设计的功能和组织行为的功能。

组织设计指按照目标要求，设计任务结构和权利关系，建立一个合理而有效的管理组织结构。它的基本内容包括：①为实现教育教学总目标把教学总任务分解成若干具体任务；②把具体任务合并归类，划分部门，建立职权机构，如按年级设立年级组、按学科设立教研组等；③选择和配备教师和管理人员，明确职责，并授予他们组织和管理教学的相应权力；④为协调组织机构的职权关系和信息沟通关系而拟定各种规定，如教师工作职责、教学管理规章制度等。当然，并非每项任务的管理都有建立组织机构的过程，经常性地组织工作是根据各个时期的任务所规定的目标组织力量、明确分工、授予权力和协调关系。

组织行为的功能，即组织实施，是组织力量执行计划的行为和过程，其目的是使管理计划能够付诸实施。组织实施的基本内容包括：①统一目标，使全体教职工目标一致；②统一组织指挥，使系统内的一切工作都有人按时、按量、按质完成；③人各有责，人尽其才，实行职、权、责统一，使全体教师和管理人员明确自己的职责、工作范围、工作质量要求和协作关系；④统一步骤，按计划步骤统一行动，保证计划的步步落实。

（三）指挥与协调的职能

指挥与协调也是教学管理系统的重要职能。指挥是指领导者依靠行政权威，指示下属从事某种活动，使系统按指令运行。协调是指消除管理过程中各环节、各要素之间的不和谐现象。因此，指挥与协调是从不同的侧面对管理过程的干预和控制，两者相互补充、相互完善。

指挥功能是指通过下达命令、指标等形式，使系统内部个人服从于一个权威的统一意志，将计划和领导者的决心变成全体成员的统一行动，使全体成员履行自己的职责，全力以赴地完成所承担的任务。教学管理的指挥功能有以下几个：第一，实行专家治校，保证领导权威，保证领导的督促、率领和引导作用有效发挥；第二，运用各级教学管理组织权责和规章制度，规范全体人员的行动；第三，严格按计划、大纲组织教学，统一标准，统一要求；第四，建立教学指挥机构，一般由领导、职能部门工作人员，借助先进的设备手段，建立教学指挥中心等的教学指挥系统。

协调功能是指对系统运行过程中各环节、各要素之间的不和谐现象进行处理和调整，以减少和消除各种矛盾，保证目标的实现。协调功能带有综合性、整体性特征，它是管理本质的体现。从某种意义上说，管理就是协调。教学管理协调的主要内容是通过计划、沟通、调整等方法，协调教学管理系统与外部环境，如学校教育与社会系统的关系；协调教学管理系统内部各类成员之间，各组织、各部门之间，管理过程各环节、各项工作之间的关系；协调教学系统内部课内与课外之间，教、学、管诸要素之间，教学内容、方法、手段之间，各章节教学内容之间的关系等。

（四）监督与检查的职能

监督与检查是实施教学管理过程的重要职能。监督就是察看并督促。检查是对预测的科学性、决策的正确性、目标的完整性、计划方案的可行性以及实施计划的有效性的全面考评。从本质上讲，检查就是一种监督和控制，是一种信息反馈活动。通过检查既可以发现管理过程中的缺点和问题，又可以发现优点和经验，进而克服缺点，推广经验，把工作向前推进。

检查职能的类型可以按不同特点划分。按检查时间划分有平时检查和阶段检查。平时检查及时不使问题成堆，阶段检查则是比较集中、全面的检查。两种检查互为补充，不可缺少。按范围划分有全面检查和专题检查。全面检查是德、智、体、行政、总务诸方面，目的在于了解和掌握工作的全面情况。专题检查是有针对性地发现问题和解决问题，专题检查的内容取决于检查的目的，教学管理要专题检查和全面检查交替进行。按检查方式划分有自上而下的检查、互相检查和个人检查。自上而下的检查是学校领导者对下属的检查，这种检查有监督、考核的作用；互相检查是学校成员互相进行的检查，如教师互相听课、互相检查教

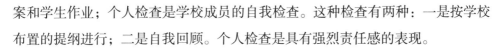

案和学生作业；个人检查是学校成员的自我检查。这种检查有两种：一是按学校布置的提纲进行；二是自我回顾。个人检查是具有强烈责任感的表现。

监督与检查具有双重功能：一是监督与考核下属人员的工作，能及时对成绩突出者给予肯定，对工作平平者甚至失职者予以纠正；二是检查和考核领导人员本身的管理水平，计划、措施、执行是否符合规范和要求，明确管理者的责任。

（五）评价与控制的职能

评价与控制是教学管理，特别是现代教学管理的重要职能。评价包括科学分析和价值判断，指通过教学评价和系统分析方法，判断教学效果与教学目标的差距，为决策和控制提供有用信息。控制即根据评价分析的结果，纠正计划执行中的偏差，保证教学目标的实现。评价与控制是教学管理系统最重要的功能之一。

教学评价和分析的具体功能是根据教学目标和计划，运用各种科学手段，对教学过程和效果进行价值判断和系统分析，为教育教学决策和控制提供信息。教学评价和分析的主要内容包括课程教学评价分析、课堂教学质量评价分析、教师评价分析、学生评价分析、课外活动评价分析等。

教学管理的控制功能分为教学前馈控制、教学过程控制和教学事后控制三种类型。教学前馈控制是预防偏差的一种控制，即预先采取有效措施，使偏差得到预先控制，防患于未然。教学前馈控制对于教学管理是十分重要的，教学系统是以育人为目的的，教学过程的任何偏差所造成的后果都是十分严重的、不能允许的，教学前馈控制可以防止这种情况的发生。教学过程控制也称教学现场控制，是在教学计划执行过程中的控制行为。通过对教学计划执行过程的现场观察、监督和指导，对教学过程进行评价、分析和建议，及时纠正任何不符合教学计划要求的偏差，保证教学计划的实施。教学事后控制，又称教学成果控制，是建立在终结性评价分析的基础上的控制行为，即在计划基本完成之后，把实际取得的工作成果与计划目标相比较，发现仍然存在的差距，作为将来工作的借鉴。

二、高校教学管理制度的内涵与结构分析

（一）高校教学管理制度的内涵

根据《现代汉语词典》（第七版）的解释，"制度"一词有两层意思：一是要求大家共同遵守的办事规程或行动准则；二是在一定历史条件下形成的经济、文化等方面的体系。

高校教学管理制度是一个多层次、多序列、多职能的完整体系，从不同的角度有不同的划分和理解。从广义上讲，高校的教学管理制度就是在一定教育发展条件下形成的教学管理体系，是由诸多元素或部件构成的、完整的、具有特定目的和功能的整体，各个元素或部件在构成上的变化直接影响高等教育功能的发挥和高等教育目的的实现。这个整体或者系统总是随着时代和社会的变化而变化，变化可以是主动的也可以是被动的，可以是宏观方面的也可以是微观方面的。每当高等教育教学不适应时代和社会的变化时，高等教育就要通过制度上的改革与发展适应变化。高校教学管理制度本身就是在不断适应社会需要的过程中形成和发展起来的。但从狭义上讲，高校教学管理制度就是特指在高等学校的教学过程中，为了规范教学活动和实现学校的教学目标而制定的系统的教学管理方法。

为提高高等教育的教学质量，各国在实践探索中无不加强教学管理，从制度上提供保障。从世界范围来看，学分制和学年制是高校教学管理中采用的最多的两种制度。选择学分制或者学年制与国家的社会制度无关，而更多地与一个国家的社会文化和传统相联系。虽然美国、法国、英国、意大利、日本等国同属资本主义国家，实行市场经济，但它们所采取的教学管理并不一样，有的实行学年制，有的实行学分制。即使在同一个国家，在不同时期，不同大学也会采用不同方式，甚至在同一时期，不同大学也可能采用不同方式。由此可见，学分制与学年制只是两种不同的教学管理制度而已。它们的共性是学生必须修习一定数量的科目才能毕业；它们的差异则是学年制注重统一性，有显著的强制特点，学分制的自由度和选择范围则比较大，有显著的弹性特点。因此，两者并无绝对的优劣之分，大学办学质量的高低和采用哪种教学管理制度也无绝对的关系，关键是大

学所采用的制度是否适应学校教学管理的需要。制度是一把"双刃剑"，只有通过不断地完善教学管理制度，才能促进学校的发展进步。

（二）高校教学管理系统的结构分析

结构是系统中要素相互联系、相互作用的方式，是要素在系统内的秩序。由于教学管理内部复杂的联系，根据不同的需要，从不同的角度研究就有不同的层次和形式的系统结构。

从组织结构分析，目前高校的教学管理可分为教与学两个系列，各为六个层次。在"教"的方面，由主管校长—教务处—学院—系（部）—教研室—教师，形成一个完整的教学工作系列；在"学"的方面，由主管校长—教务处—学院—系（部）—年级—每个学生，组成学习系列。这两个系列既相互交融、相互影响，又有其自身的独立性。教学管理系统六个结构层次的具体构成如下。

第一层是由学校主管教学工作的校长主持召开行政会议。这是学校教学管理的决策层。决策层的职责是通过调查研究，进行科学决策，实现宏观调控，校长要对整个学校的教学质量全面负责，从学校的定位、总任务、总目标出发，把提高教育教学质量、培养高级人才作为教学管理的中心任务。

第二层是教务处。它是教学管理的职能部门，是在校长的领导下，对全校的教学工作进行计划、组织和调度的职能机构。教务处的工作主要是确定具体的学科、制定教学目标、编制教学计划、安排教学任务。教务处对学校的教学工作进行检查和评估，对各专业的教学实行管理并对质量负责，负责全校的教务行政工作，是高等学校中十分重要的组织机构。

第三层是学院。近年来，学院是高等教育改革过程中产生的结构层。由相关学科、系、部组成的学院，更有利于学科交融、资源共享，同时，也便于学校教学工作的开展。学院主要是根据教务处制订的宏观计划，结合本院的学科特点，组织教学工作。对系、部的工作进行安排部署，对本学院的教学做具体、细致和全面的管理。

第四层是系（部）。这一层次的主要任务是组织各专业教师开展教学工作，经常性地组织教师进行教学研究工作，总结交流教学经验，提高教师的思想水平、业务水平和教学能力，对教师进行师德、教风和学风的建设，建立良好的教师集体，改进教学工作，提高教学质量。

第五层是教研室和年级组。教研室是根据学科和专业特性组织起来的教学科研组织，它是教师的直接管理部门，对教师的教学、科研工作进行最直接的安排和管理。在高校，年级的主要工作是由辅导员负责的，年级不同，教学安排、学生的思想状况以及课程的设置就不同。因此，教学要根据年级的特点和大学生的心理、思想来组织管理，实施阶段性的教学检测、年级学科竞赛、教师教学状况调查等。

第六层是教师和学生个体。任课教师是教学工作的具体实施者，对本专业课程的教学质量负责，同时，还肩负着对本专业知识进行拓展和深入研究的责任，教师也要不断地研究和学习，努力提高自身素质和教学能力。学生是接受教学的主体，每个学生要对自己的学习实行自我管理，对自己的学习进行自觉、合理的安排，选择适合自己的学习方法，对教师的教学给予支持，向教师提出合理化的建议，并与其他同学进行学业上的交流和探讨。

在以上两个系列的六个层次中，还存在着反馈系统。反馈系统是教学管理中的必要元素，为保证教学工作在各个阶段的顺利实施，学校必须建立顺畅的教学信息反馈系统，以便及时了解教学实际情况，并对反馈的意见进行总结归纳，决策层和实施层根据反馈的信息调整教学工作，保证教学工作正常运转，形成反馈机制，提高教学质量。

三、高校教学管理制度与教育质量的关系研究

作为继承、传播和创造知识的高等教育，在知识经济时代从社会的边缘走向了社会的中心。提高国民素质、储备科技人才，已经成为世界各国关注的焦点，把发展高等教育作为提高综合国力、增强国际竞争力的重要措施。高校教学管理制度的优劣是教育质量高低的关键所在，一个好的管理制度对学校的发展、人才的培养具有十分重要的作用。

目前，高等教育进入大众化阶段，并采取行政措施，连续几年扩大招生规模，以迎接知识经济的挑战，实施"科教兴国"战略，增强国家的综合国力和国

际竞争力，满足人民群众日益增长的接受高等教育的需要。在今后若干年中，高等教育还要保持比较高的发展速度，才能实现大众化的发展目标。虽然缓解了高等教育供求的矛盾，但同时也使人们产生了忧虑，担心因入学"门槛"降低和规模扩大过快而导致教育质量下降。因此，教育界最突出的问题是，用什么样的教学管理制度解决走向大众化教育阶段过程中或进入大众化教育阶段后的教育质量问题。

（一）完善制度建设、提高高等教育质量

高等教育大众化的重要标志是高等教育规模逐年扩大、适龄青年的入学率逐年上升。在整个发展进程中，进入高等学校的"门槛"必然逐年降低，这是否意味高等教育的质量下降了呢？答案是否定的。首先，"门槛"高低受招生规模制约，是人为设置的，不是评价高等教育质量的标准；其次，人是发展变化的，一次入学考试分数的高低，只能反映一次竞争的结果，不能代表人的素质优劣，更不能以此来推论或决定人的终身；最后，大众化阶段的高等教育，其目标定位是提高整个中华民族的科学文化水平而不是培养少数精英。从这个意义上讲，虽然进入大学的"门槛"在逐年降低，但高等教育规模在逐年扩大，给更多的人提供了接受高等教育的机会，国民的综合素质提升了，整个中华民族的科学文化水平提高了，为社会主义现代化建设和发展知识经济培养了不同层次、不同类型、不同规格的人才。因此，虽然"门槛"降低了，但并不能说明质量下降。大众化教育阶段出现的某些质量问题，并非这一阶段所独有，而是可以解决的。

（二）精英教育赋予高校教学管理制度新的内涵

我国的高等教育尚处在精英教育阶段，但严格讲，它主要体现在数量即适龄青年入学率上，而在质量上未能反映面向"精英"的精英教育。高考虽然是全国统考，但由于地区差别和其他一些原因，"精英"未必能接受精英教育。进入大众化教育阶段后，精英教育不仅不能消失，还必须加强，但高校教学管理制度须进一步完善。高等教育的结构调整和强化竞争与激励机制，使真正的精英流向这类高等教育机构接受精英教育。

（三）高校教育质量标准从单一走向多元

长期以来，受计划经济体制的影响，人们是用单一尺度衡量高等教育质量的。这反映在教育目的和人才培养目标的统一规定方面，也反映在统一的教育质量评价体系及其课程体系、教学内容等方面。如果说这种现象同当时的计划经济体制相适应，那么现在显然已经不合时宜。

新世纪，中国将更加开放，多元经济和多样化社会必然对高等教育提出多样化的需求。高等教育多样化是适应社会经济多元化、高等教育大众化、科技发展高速化、社会需求多样化、人的素质差异化的必然要求。高等教育只有为社会提供多层次、多类型、多形式的教育，才能满足社会对各类人才的需求和个性发展多样选择的要求。面对多样化需求的社会，高等教育必须走多样化之路，科学定位，主动寻找有利于生存和发展的空间，才能发展个性，办出特色，提高质量，经受住充满竞争的人才市场的检验。

目前，高校的教学管理制度应引导高等教育适应社会，引导其追求理想学术型的办学模式和人才培养模式。多元教育质量观是有别于传统教育质量观的理念，它突破了计划经济的思维定式，有利于增强高校自主办学和自我调节的能力。它不仅对不同层次、不同类型的高等教育采用不同的质量评价标准，而且允许同一层次、同一类型甚至同一专业的人才培养目标不同。多元教育质量观更能突出办学个性和特色，其运作更加客观，贴近市场，因而有利于引导大众化阶段的各级各类高等教育在各自的层面办出特色，提高质量和水平。

（四）多样化的高等教育对素质教育有新的解释

中国是一个具有几千年历史的文明古国，传统教育的价值倾向于政治功能，衡量教育质量的重要标准是能否为统治阶级培养所谓的"济世之才"，主张循规蹈矩，反对离经叛道。近代，工业文明传入中国后，科学教育受到重视，以占有知识的多少和掌握程度的深浅为标准的知识质量观一度占据支配地位，强调培养学术型或学科型高级人才。到了20世纪80年代中期，针对大学生动手能力不强的问题，强调加强能力培养，出现了知识质量观转变为能力质量观的趋势。到了20世纪90年代中期，素质教育在全国兴起，全面素质质量观得到广泛认同。从教育的知识质量观到能力质量观，再到包含知识、能力在内的全面素质质量观，反映了社会变革、转型时期人们对教育本质认识的深化，丰富了教育理论与教育实践知识，促进了教育质量和办学水平的提高。但是，受传统思维定式的影响，其价值取向仍然偏向社会功能而忽视教育的个体功能，人才观仍然偏向理想模式下的"全才""完人"，而忽视多元经济和多样化社会对人才，尤其对专门人才的多样化需求。

素质教育是针对中小学"应试教育"提出来的，高等教育中讲的素质教育，从发表的文章看，主要是针对人文与思想政治教育薄弱环节提出来的。大体有两种倾向：要么把素质与知识、能力等并列或对立起来；要么在"全面"上做文章，对素质进行分解，试图把学生培养成"全人"或"完人"，两种倾向都失之偏颇，根源就在于对素质教育内涵的理解。素质教育是基于受教育者的基本素质，通过最佳途径，促进其主动在各层面全面发展的教育模式。这个概念的基本内涵是：①素质教育的基础是受教育者的基本素质；②人的素质存在差异，素质教育只能因材施教，分类进行；③它是一个过程，其效果取决于实施途径；④它是主动学习而不是被动；⑤目标是适应社会，全面发展；⑥它具有理论与实践意义和可操作性。

大众化教育阶段的高等教育资源通过优化与重组，不同层次类型的学校将进一步分化。多样化的高等教育实际，要求人们必须走出传统的培养模式，进行制度创新，将传统理想模式塑造人改变为受教育者根据自身的实际情况与现实可能，选择有利于社会价值与个体价值统一的成才模式。即使所谓"片面"发展的"怪才""偏科生"，也不能用现在的质量标准将其拒之门外，而应采取特殊的培养模式，促进其在"片面"方向"全面发展"。这类人才的特殊性在"片面"，决不能用理想模式迫使其舍长就短成为平庸之才，更不能将其扼杀。因此，传统意义上的因材施教将在分类培养的基础上，在更高层次上回归。教与学的角色将实现历史性的转变，教育不再是单向传授，而是促进学习的、有组织的和持续的交流。受教育者将能动地根据专长、志向和兴趣，按能级归位，选择有利于自身发展的教育形式。新世纪的素质教育必须克服上述两种倾向，不再追求标准化的单一理想模式及其质量标准，而应建立有利于不同层次、类型的人才发展的多样化的因材施教、分类培养、教学互动的弹性模式及其教育质量标准。

　　教育质量观属于教育哲学范畴，它是一个发展的概念，准确把握其内涵和外延，需要在教育实践中不断进行理论探索和实践总结。高等教育大众化必须是数量与质量的统一，关键是要建立正确的教育质量观。在社会转型和高等教育向大众化跨越的历史时期，教育质量观起着重要导向作用。怎样发挥其正面导向作用，克服其负面导向作用，促进高等教育的规模、结构、质量、效益的协调发展，是 21 世纪必须解决的重大课题。

第二节　高校教育管理体制问题所在

　　我国的高等教育作为世界高等教育系统的重要组成部分，既与国外高等教育有许多相似之处，又有自身的特殊矛盾。就学校管理而言，存在着一系列的矛盾，如高校经费严重不足与经费浪费的矛盾；学术管理的主体性与高校内部行政管理规范性的矛盾；传统的教育教学管理模式与知识经济社会要求培养创新人才的矛盾等。在教学管理中，也存在着一些亟须解决的问题，对于这些问题，有必要进行深入研究和探讨。

一、教学管理组织的权利性倾向严重

　　教学管理组织本身是为实现学校的教育、教学目标而形成的结构优化、精干高效的管理系统，这个系统对学校中众多的教学要素进行有机的组合和动态的管理。但是，在我国的高校教学管理中，常表现出教学管理组织权力性倾向严重的问题。"权力—强制"策略虽然是教学管理中的一种手段，但不是唯一的。在教学管理中，如果过分地强调组织的权利，使用强制的手段进行管理，往往容易触及学校的敏感神经，教师会有消极的情绪，学生会产生逆反心理，教学的质量不但不会提高，反而会在管理中陷入被动的局面。

　　高校进行教学管理的目的是提高教学水平，培养优秀人才，要达到这个目的，拥有合格的、主动工作的教员和自觉学习的学生才是关键。教学管理组织应合理地运用手中的权力，充分发扬民主，采用合作化的管理手段，充分调动行政人员、专业人员、教师、学生以及校外人士的积极性和参与性，才能教学工作顺利开展。

二、教学管理组织的运作模式相对单一

模式是再现现实的理论性的简化形式。目前，在我国高校教学管理中，一般采用的是等级制的管理模式，即从校长到学生，一级抓一级。至于学生的表现如何，校长的管理能力怎样，受到太多因素的干扰。教学管理中，应该以一种适合本校发展的模式为主、其他管理模式为辅。

（一）问题解决模式

该模式是由第一线的教师为解决教育实际问题而创设和实施的，其理论基础是实用主义哲学和自由市场理论。这种模式的主要特征就是根据教学管理过程中出现的实际问题，进行诊断和鉴别，认真剖析内、外因素，自觉、自主地解决新问题，按照问题—解决—新问题—再解决的程式向前发展。

（二）研究—发展—推广模式

该模式的理论基础是理性主义和权威主义。它主张任何管理都有一个研究、发展、推广的过程。教学管理者要根据实际情况进行研究，将成果以适当的形式、在适当的阶段推行，即使某些管理的变革遭到排斥，但是最终会得到推广，并在推广中受益。

（三）管理互动模式

该模式的理论基础是社会合作主义和人际关系理论，其精神实质是合作与沟通。在教学管理中，人与人相互影响，个人的行为受到制约，但通过宣传、交流和互换角色，可以解决一些难以解决的问题。例如，学生代表与校长面对面交流，行政人员与教师进行交流，教师与学生进行合作等。

教学管理的模式多种多样，各校应在多年的管理实践中选择适合本校校情的模式，还应该不断地研究探讨新的模式，适应高校的发展和社会的需要。

三、教学管理的目标具有局限性

教学管理的目标是由教育的功能决定的，我国目前高校教学管理的目标偏重层次的划一与外显的局限。这样的目标会低估教学过程中出现的各种复杂现象，单凭借外显的行为特征而掩盖了教学管理的深刻性。具体表现在三个方面。

第一，教学管理的对象是发展中的人，学生在获取知识、技能方面的能力不是统一的，他们在生理、心理以及社会化等诸多方面的成长速度不同。因此，如果教学管理的目标整齐划一，就容易忽视学生个性的发展。

第二，外显的行为目标一般不能准确揭示全部活动的内隐因素。如果制定教学目标仅从知识内容出发，离开了教与学的具体行为、教师和学生的基础水平，必将产生各种各样的问题。因此，教学管理目标应全面、合理并且具有个性化的导向功能。

第三，目前，我国的高等教育正面临着前所未有的巨大变革，影响学校教学管理的因素呈现出越来越大的随机性。这就要求学校能随时随地根据实际形式的变化，迅速调整相关的管理对策，如果教学管理的目标局限于某一方面，在适应环境变化方面就表现为僵化有余、弹性不足，不能很好地适应形势的发展。

鉴于上述分析，不难看出在制定教学管理目标时，应强化其正面效益，减少负面影响，发挥目标管理的效应，促进教学管理工作的开展。应从以下三个方面入手。

（一）科学分析，准确定位

教学管理要做到激励性与可行性的统一，这就要求管理者在科学分析校情的基础上，抓住学校亟须解决的问题，形成既体现本校教学工作自身特点，又符合实际的管理目标。

（二）近期需要与长远利益相结合

针对教学管理目标中容易出现"短期化"倾向的问题，在制定目标时，必须将学校教学发展的蓝图与中、短期目标协调起来。要确定哪些是近期努力可以

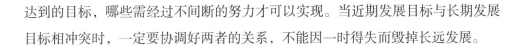

达到的目标，哪些需经过不间断的努力才可以实现。当近期发展目标与长期发展目标相冲突时，一定要协调好两者的关系，不能因一时得失而毁掉长远发展。

（三）畅通信息渠道，加强监督反馈

教学管理目标是学校教学工作的行为导向，管理者必须建立立体、交叉、多维的信息网络，密切关注学校教学活动的运行状态是否与确立的目标体系相符。一旦出现问题，管理者应迅速了解情况，并组织相关部门"会诊"，找准问题症结，形成有效对策，并通过信息反馈渠道对不恰当的管理行为进行修正，确保教学管理工作与目标不出现偏差。

四、教学管理的评估体系不健全

教学质量评估是教学管理中的一项重要改革，它不仅使教学管理部门对课堂教学起到监控作用，而且能够最大限度地调动教师的教学积极性，从而达到提高教学质量的目的。随着高校管理体制改革的不断深化，教学质量评估体系还有待于进一步健全和完善。在当前教学质量评估中主要存在以下几方面的问题。

（一）评估的认识存在偏差

当前，教育评估主要是由上级教育行政部门组织，以他人评估、行政评估等方式进行，评估的目的表现为分等评优，从而起到选拔、鉴定、评比的作用，充分体现了教育评估的总结性功能。然而，为改进工作和决策服务的形成性功能发挥得不够充分。这种评估与过去上级对下级的工作检查并无本质的区别。被评估者对评估活动没有积极的参与意识，甚至对评估有抵制和厌倦情绪。有人认为，评估只是摆形式、走过场，对学校的具体工作并无实质性的促进作用。还有人认为，评估是一种"扰民"行为，干扰了学校正常的工作秩序，不仅无益，反而有害。这些观点固然有偏颇之处，但究其原因与开展的评估方式、方法不当有关。评估的目的不只在于分出等级，更在于改进工作。如果评估者对此没有深刻的认识，简单地把评估作为分出优劣高下的工具，必然会造成误导和误解。

（二）评估功能和模式单一

评估具有导向、改进、鉴定、激励、管理、研究等多种功能，但目前的评估还不能充分发挥这些功能，只有鉴定功能、管理功能在评估中表现得较为明显。评估模式基本采用泰勒的"目标行为模式"，或者说"目标到达度"模式，这种模式在我国是伴随着加强教育行政管理和督导工作发展起来的，是由领导部门组织的行政评估和他人评估。而专家评估、社会评估、自我评估的成分很少，势必影响教育评估的全面性和被评对象的积极性。

（三）评估的技术水平不高

评估的可信度和效率在很大程度上依赖于对评估手段技术的准确把握和恰当运用。教育评估涉及多种评估技术和评估工具的运用，不同的技术和工具有不同的作用。目前，在高校教学评估中使用最为广泛的是量化技术，但一部分评估人员对如何编制量化表、如何保证可信度和效率等缺乏应有的知识和能力，致使量化方法这一重要的教育评估技术出现偏差，导致"盲目量化"的现象，似乎教育的一切方面都可量化，而一切量化又都是有价值的。

（四）对教育评估缺乏再评估

评估标准是否合理、评估方案是否科学、信息收集是否全面、信息处理是否得当、评估结果是否客观、评估结论是否公正，回答这些问题都有待于对教育评估进行再评估。没有再评估，教育评估就失去了检查和监督的意义，就很难保证各个环节的合理无误，很难使教育评估活动具有自我认识、自我批评、自我提高的能力。当前，教育评估中出现的许多问题都与缺乏再评估紧密相关。

第三节　高校教育管理体制改革策略

面对创新人才培养对教学管理体制的要求，本节将对高校教学管理体制改革的研究展开论述。针对高校的具体情况，教学管理体制创新可采取的对策是：

①更新教学管理观念，突出"以人为本、以生为先"的管理思想；②建立以学院制为主体的教学管理体制；③健全学分制管理制度；④构建高校教师培训体系；⑤协调教学与科研的关系。总结高校建立的教学改革实验班教学管理体制的创新之处，并鉴于其具有实验性而不具备普遍性的特殊情况，在教学改革实验班成功的基础上，高校教学管理体制将继续从学分制教学管理制度和"以学生为中心"的教学管理模式两方面进行改革。

一、高校教学管理体制创新的对策探讨

（一）突出"以人为本，以生为先"的教学管理思想

人类社会的每一次重大变革，总是以思想的进步和观念的更新为先导。观念是外部世界的主观反映，外部世界是不断变化的，观念也随之不断地发生变革。教学改革的进程同样离不开思想的不断解放和观念的不断更新。在高校培养专门人才、发展科学、直接为社会服务的三项基本职能中，人才培养始终是最基本、最重要的职能。教学管理的主体应是学生，教学管理工作应本着"一切为了学生，为了一切学生，为了学生的一切"的原则进行，突出"以人为本、以生为先"的教学管理思想。

1. 确立尊重学生自主权的教学管理思想

尊重学生知情权、选择权、参与权等自主权，目的是为学生自主学习、自我管理、自由发展提供必备条件，从而培养学生具备自我构建智能结构的能力，使其成为具有创新精神和创新能力的人才。

①赋予学生知情权。学生有权了解学校的教学计划、培养方案、各项规章制度、开设课程、课程安排、教师资历、教育培养经费的使用情况及其他与学习、生活有关的情况。学校赋予学生知情权，可从学校、院（系）和学生三方面进行。第一，借助网络公开校务。学校将与学生利益相关的内容挂在校园网上，使每个学生都能了解学校的政策与具体规章制度。第二，教学秘书、班主任或学生干部及时、准确地通知院（系）事务。院（系）通知的事情一般与学生的利益

有较直接的关系，如申请奖学金、评选优秀学生、参与学术活动等。第三，学生主动向老师了解自己关心的事情。学生对于自己想了解的事情应积极主动地询问。②交还学生选择权。学生自主选择的权限包括选择专业，选修课程，选择授课教师、学习模式以及学习年限等权利。为保证学生选择权的顺利实施，可以从学校、教师、学生三个角度出发。第一，从学校角度讲，要进一步完善选课制和导师制，从制度上保障学生在选择专业、课程、教师及学习年限上的自主性。第二，从教师角度讲，要不断提高教师的业务水平，开设数量多、质量高的选修课，以供学生选择。第三，从学生角度讲，课程要根据自己的特长、兴趣做出合理的选择，不要盲目地选择容易获取学分的课程。③赋予学生在规定时间内改选课程的自由。④给予学生参与权。学生参与学校的教育教学活动使他们有机会学习民主和运用民主，对培养他们形成主人翁意识、自主自立能力有很大益处。参与权可以分为教学管理参与和教学过程参与。教学管理参与可派学生代表参与校级或院（系）级的教学事务管理、教学计划的制订、教师的教学评价、信息收集与反馈等，增强了学习知识和运用知识的主动性和自觉性，培养了学生的实践能力和动手能力。教学过程参与，一方面，指学生应在课堂上主动参与教师教学，与教师进行互动，而不是把自己作为装盛知识的"容器"；另一方面，指学生有权参与教师的选择，参与自己的专业课程设置，实行个性化培养。教学过程参与将以往在教学过程中对学生进行的统一管理转变为个体参与，以培养学生的主体意识和激发其主观能动性。

"以人为本、以生为先"的教学管理思想要求充分调动学生的主动性与积极性，但并不意味着毫无规范与限制。因此，学校在建立完善的制度体系以保障学生知情权、选择权、参与权的同时，还应确保学生正确使用知情权、选择权和参与权。

2. 树立个性教育的观念

一项有关大学生创造性人才观的调查结果表明，影响创新人才的十项因素中，"独立性"被大学生认为是最重要的。独立性又由"有个性、有创新意识、敢于怀疑权威、有主见不盲从、有预见性和超前意识"几项因素构成。可见，一个创造者的成功与否，往往与他的个性有内在联系。终身教育理论的创始人、法国著名教育家保尔·朗格朗指出，"教育工作者再也不应该是多少有些天才的知识传授者，而是培养个性的专家"。为了充分发展学生的个性，挖掘其创造潜力，高校应转变教育思想，树立个性教育的观念。个性教育就是在教育教学过程中，教育者尊重受教育者的个体差异、突出其主体地位，促进个性自主和谐发展。个性教育可通过尊重学生个体差异、突出学生主体地位以及建立新型师生关系三条途径实施。

（1）尊重学生个体差异。一方面，要承认人无全才，但人人有才，教师和教学管理人员在教育教学过程中要充分考虑学生的生活、经济、文化等背景的差异，按照马克思主义具体问题具体分析的方法做到因材施教，使学生人人成才；另一方面，要理解学生的奇思怪想和标新立异。学校应有宽松的环境让学生自由发表言论、阐述思想、探索新知。学校对个别学生的特立独行、标新立异等行为应给予理解、尊重和保护。苏霍姆林斯基说："只有承认这种个性差异，才有利于对每一个学生进行教育，才有利于发展学生的自尊心，学生的个性在教育中能否得到发展，将影响到学生今后是否具有自觉思考、独立判断、敢于质疑、主动探究、勇于探新、善于探索、积极参与、勤于实践的创新精神与创新能力。"

（2）突出学生主体地位。凸显学生的主体地位，发展学生的个性与主动性，可以克服学生思维中存在的从众定势。可通过增强其主体意识和发展其自我意识进行：一方面，在教育过程中，教师通过增强学生的主体意识，培养和提高学生在教育中的能动性、创造性、自主性，使他们成为具有自我教育、自我管理和自我发展的主体；另一方面，发展学生的自我意识。教师在教学中，引导学生正确地认识自己、评价自己，鼓励学生大胆地提出自己的看法，而不受教师所谓的标准答案的制约。

（3）建立新型师生关系。新型师生关系指以学生为主体，教师为主导的师生关系，即学生在教学活动中将有更大的主动性和自主性。建立这种师生关系，一要树立新的学生观，就是要承认学生是一个不断自我发展、自我完善的独立的人。教师要改变因学生的所思所想或所作所为与自己的想法或要求不一致，而对该生给予否定评价的做法，正确看待学生不同的思维方式和行为特点，正确对待他们在成长中存在的问题和错误。二要加快教师自身角色的转换。教师要以人格魅力吸引学生，以渊博知识感召学生，通过不断完善自己得到学生的爱戴，而不再以神圣不可侵犯的"权威"形象出现。杨福家曾说："教师要做学生头脑里火种的点火者，而不是灭火者。"因而，教师应努力改变师生之间原有的"权威—服从"式关系，克服学生思维中"唯师""唯上"的权威定势，将学生视为独立的个体，尊重其独特个性，最终形成相互激励、教学相长的师生关系。

高校只有按照"以人为本，以生为先"的教学管理思想，尊重学生的自主权和树立个性教育观念，才能为学生创造个性的发展提供足够的空间，才能充分挖掘学生的潜力，才能培养出具有创新精神和创新能力的人才。

（二）建立以学院制为主体的教学管理体制

建立以学院制为主体的教学管理体制，先要根据学校学科专业发展的实际及其要求设置学院。设置学院后，注意校、院（系）两级管理体制在职、责、权的划分，院（系）管理自主权的扩大，以及学校对院（系）教学管理的重视三个方面的问题。

1. 明晰校、院（系）两级职责权的划分

我国高校的学院要建设成为大学的人才培养、学科建设、科学研究和管理指挥中心，校、院（系）两级必须遵循职、责、权相统一的原则，职、权、责三者应结合成一体，改变"有职无权""有责无权"或"有权无责""有职无责"等不利于提高工作效率的状态。

大学的校级领导和各职能部门必须从以往包揽各种日常管理事务的状态中解放出来，改原先的过程管理为目标管理，减少对教学、科研等具体工作的干预。校级决策部门实行目标管理的基本方法是，根据一定时期内教育事业的发展方向，确定学校的办学方向和发展总目标，然后将总目标向院（系）执行机构层层分解，逐级展开，通过上下协调制定各层次的具体分目标，以学校的总目标指导分目标，用分目标检查各部门和所有个人的工作。作为决策层，校级管理部门的主要职责是：掌握党的方针、政策，把握学校的办学方向，明确未来发展的目标和重点；规划与设计人才培养方案、制定教学管理与学籍管理制度、评估专业和课程建设、建立教学质量保障及监控体系；保障重点实验室、图书馆和网络中

心等共享资源的建设与管理；超越学院层次组建跨学科的科研中心与重大科研项目组，加强更大范围学科间的横向交叉综合等。需要注意的是，校级管理部门对重大问题做出决策之前，应充分发扬民主，广泛征求学者、教授的意见，充分发挥学术委员会、教学委员会等各个委员会在决策中的作用。

院（系）根据学校的总体发展方向和各项工作部署，制定该院（系）的中长期发展方向和目标，规划、协调各学科的建设，统筹调配院（系）的人、财、物，各种资源得以综合利用。同时，学院不能局限于校内，要走出校门、走向市场。根据社会的发展需要，妥善处理好学院与社会、学院与企业的关系，动员和利用院（系）的资源与相关产业进行广泛的联系。院（系）级的职、责、权包括：兼有承担基层行政管理和从事教学科研活动的两重职责；拥有教学、研发、机构设置、人事调配、奖金分配等方面的责权；负责管理、监督下属系部的各项教学、科研工作。

2. 扩大院（系）管理自主权

校、院（系）两级教学管理体制要做到职责一致，院（系）所拥有的职责和权力必须相称。鉴于我国高校决策权集中在校级，院（系）级有责无权的现实情况，学校应将教学管理的权力适当下移，如培养方案的制定与实施、专业的设置与调整、教学经费的管理与使用、组织人事管理、自主配置资源、内部机构设置、实践实验基地管理、对外合作交流等，以扩大院（系）管理自主权，提高管理效率和办学效益，更好地履行大学为社会培养人才的职责。

由于我国在建立学院制之前，实行的是校、系、室三级管理体制，而管理权主要集中在校级部门，系和室只有较少的权力，所以，扩大院（系）管理自主权的主要途径是校级部门授权，其次是系、室级交权。从行政管理学角度来看，授权通常体现在两个层次：一是决策层次的授权，即把一部分决策权授予下级行政机关或职能机构；二是执行层次的授权，即允许下级行政机关或职能机构在一定范围内自主完成工作。学校如果从执行层次上授权，学院则是虚体性的；如果从决策层次上授权，学院则是实体性的。随着教学改革的逐步深入，有虚体学院向实体学院演变的趋势。虚体学院要向实体学院转变，校级部门对其授予决策层次的权力是转变的有效途径。

校级职能部门在下放权力时，应做到以学术权力下移为主，行政权力下移为辅，突出学院的学术功能。学校将属于学术范围的权力下移到院（系）层次，如设置专业与课程、申报科研项目、管理学生、聘任教师的权力等；将一定的资源分配权、机构设置权以及人事权等属于行政范围的权力下移到院（系）一级。与此同时，校级职能部门以实施计划、监督、调控服务为主，领导和监控学院的工作。

扩大学院的管理自主权在一定程度上改变了决策权集中在校级部门的现象，为分层决策的实现提供了条件。实行学院制，关键就是管理权力必须真正下放到学院，否则学院制起不到应有的作用。

3. 落实教学管理在院（系）中的核心地位

学校重视院（系）的教学管理工作，可从保障教学经费有效投入、开展教学管理的研究以及提高教学管理人员素质三方面着手。

（1）保证教学经费的投入。对于院（系）对外科技服务和短训班的收入，学校按总收入的一定比例上缴，剩余的留给院（系）作教学经费，对于急需项目的教学经费，学校每年给予专项保证。

（2）开展教学管理的研究。对教育教学管理知识贫乏的教学管理干部，学校进行相关培训，增加相关专业知识。教学管理干部将日常工作中积累的经验与实践相结合，使其经验得到升华，为其他教学管理人员的工作提供理论基础和实践经验。

（3）提高管理人员的素质。为提高教学管理人员的素质，学校和院（系）领导要支持他们积极参加各种业务培训，学习教育科学理论，掌握管理专业知识、现代技术手段。在条件允许的情况下，在招聘教学管理人员时就将是否具有教育科学理论、掌握管理知识和现代技术手段作为考核条件，把好入门关。

从全面直接管理到两级教学管理，是教学管理模式的重大转变。在改革的过程中，校、院（系）两级应理顺关系、明晰职责权的划分，校级职能部门应下放适当的权力给学院，确保教学管理在院（系）诸多管理中的核心地位。只有这样，院（系）才可能在学校的大政方针指导下，建设成为培养创新人才的中心，从而为创新人才的培养提供良好的环境。

（三）健全学分制教学管理制度

高校可以从选课制、导师制、弹性学制和三学期制四个方面健全学分制教学管理制度，并发挥学生的自主性、尊重学生的差异性、调动学生的积极性以及培养学生的全面性，最终帮助学生养成良好的思维习惯、构建合理的知识结构。

1. 完善选课制，发挥学生的自主性

选课制是学分制的基础，选课制允许学生在学校规定的范围内自由选择专业方向、课程、教师、上课时间和自主安排学习进程。如何设置选修课程、如何安排选修课的比例、学生能有多大的选课自主权等，已成为研讨学分制问题的焦点。因此，选课制主要从增加选修课数量、提高选修课质量、加强选课的管理和指导三个方面进行完善，不仅为学生提供大量高质量的选修课程，而且为培养具有创造性才能的学生奠定坚实的知识基础。

2. 完善导师制，尊重学生的差异性

导师制是成功实施学分制的关键。实行导师制的目标就是发展学生个性，通过为学生制定个性发展策略，跟踪学术需求，从而提高学生学习的积极性和持久性，达到提高教学质量的目的。根据师资力量制约学分制顺利实施的原因分析，目前我国高校在推广导师制方面还有待加强，可从组织、思想以及数量三方面展开工作。

首先，建立指导教师委员会。为了方便导师工作的组织和管理，学校应建立指导教师委员会，各院（系）则建立指导教师工作组。委员会由各工作组负责人和学校相关职能部门负责人组成，主要负责召开会议、听取汇报、解决问题、布置工作。工作组的主要任务是选聘导师、明确职责、制订工作计划、定期反馈信息、交流工作经验以及期末评估。导师受聘期间指导学生的工作要计算工作量，并与其年度考核及酬金分配挂钩；工作业绩要记入教学档案，作为提职晋级的依据。其次，扭转部分教师认为本科教学管理并非自身责任的观念。一要充分认识实施学分制的重要性，了解实行导师制的必要性，从思想上重视、行为上配合导师制的顺利推行。二要认识到教学和科研之间是相辅相成的关系。教学、培

养人才是高校的基本任务；科研是提高教师水平、教学质量以及办学水平的关键。教学与科研的结合是培养创新型人才的需要。导师除了担负一定量的教学和科研任务外，还要了解学生的学习情况、选课情况、成绩情况，解决学生在学习方法、专业知识等方面的问题。同时，导师要通过言传身教和人格魅力的感染，对学生进行潜移默化的思想教育。最后，实行班级导师制。与导师一对一的交流能促进学生的有效学习，但是，鉴于我国高校教师的数量有限，且学生数量众多，难以实行真正意义上的导师制，高校可实行班主任与导师相结合的班级导师制。实行导师制，可以培养学生的独立思考能力，不仅有助于学生的学业，而且有助于通过迁移培养学生的其他能力。

3. 实行弹性学制，调动学生的积极性

弹性学制是以学分制为基础的教学管理制度，只要修满了学校规定的学分，就允许学生提前毕业，也允许家庭经济困难或有志创业的学生中途停学工作或创业，延长学习年限。鉴于此，高校应建立灵活的弹性学制，以改变现行学籍管理制度对学分制的影响，从而调动学生的学习积极性；弹性学制的建立，给学生自主确定学习进程以极大的自由度，具体可从三个方面进行。

（1）打破专业壁垒。这里所指的壁垒，一是转专业难；二是不同专业互认学分难。对于转专业难的现象，高校的各院系可以建立转专业指导小组和评估小组，分别负责为学生提供咨询服务、接受转专业申请并对其考核、评估以决定该生是否适合转专业。转专业只能在学校教学资源允许的情况下进行，不可能完全开放。对于不同专业学分互认的情况，高校可以打通主、辅修界限。对于学有余力，在规定学制范围内选择辅修专业的学生，如果未能达到该专业的全部要求，已修合格的课程应可作为其主修专业的选修课学分。打破专业壁垒不仅能消除专业设置过窄、专业选择过死的弊端，而且能满足学生的学习兴趣，激发其学习积极性。

（2）模糊学习年限。在学年制下，假设所有的学生都处于同一起跑线、具有同样的学习能力、在同样的时间内完成同样的学业。这种做法违背了因材施教的原则，高校应使学习年限具有灵活性，任学生自由选择。第一，允许学生延长学习年限。学生可在规定的学习年限内完成学业，也可延长学习年限，通常在

1.5 倍或 2 倍于学制的时间内完成。第二，允许学生分阶段完成学习，可以边工作边读书，也可以先工作后读书。例如，河北经贸大学在教学过程中推出了"让路"原则和"三明治"模式。前者指如遇有意义的社会实践活动与教学相冲突，可适当地暂缓教学，实践活动先行；后者指两个学期或学年之间夹一个学期或学年的社会实践。真正为加强学生实践能力提供了平台和保障。第三，允许学生申请休学或停学，并对此不做过多限制。

（3）改革学位制度。一要改变提前毕业不能提前授予学位的现象。学生修满学分，获准毕业的同时，就可以获得毕业证书与学位证书，否则，提前毕业就无任何实质意义。二要取消离校后不授予学位的限制。对于在校学习期间未修满学分持肄业证或结业证的学生，允许其回学校重修不及格课程的学分，修满学分立即颁发学历证书，符合学位条件的可同时颁发学位证书。这样，学习的弹性可以从在校期间扩展到离校以后。

虽然这种创新加大了管理人员的工作量，但为学生带来了方便，使其在校期间能充分发挥主动性、积极性和创造性，体现了教学管理以生为本的原则。

4. 实行三学期制，培养学生的全面性

高等教育的改革和发展随着社会的进步逐渐推进。中华人民共和国成立以来，我国高校一直采用的两学期制教学管理制度渐渐跟不上时代的步伐，不能适应正在全面推行的学分制改革。为增强学期制对学分制的适应性，高校可将原来的两学期制变为三学期制，以解决选修课与必修课、理论课与实践课之间的矛盾。高校实行三学期制需要解决三学期的学期划分和夏季学期的课程设置、夏季学期的师资安排以及学校教学与后勤管理等方面的问题。

三学期制的学期划分。三学期制指一学年包括春、夏、秋三个学期，其中夏季学期是在原来的春、秋两学期各缩短两周的基础上增加的。秋季学期一般 9 月中旬开学，春节前半个月结束；春季学期通常在春节后 10 天左右开学，6 月中下旬结束；经过一周的休息后进入为时 8 ～ 9 周的夏季学期。在推行三学期制的过程中，要突出夏季学期的特色，而不能将其作为学期的续延。

夏季学期的课程设置。夏季学期的课程分为四个部分，学生可以根据各自的需要选择不同内容。第一部分，开设选修课。夏季学期开设的选修课应遵循课

时短、内容新、难度适宜的原则，学生则应遵守选课要求。在夏季学期内，学生可以自由选择修读的课程。开课 3 天内为学生的试听阶段，试听后要确定选课方向。所选课程一旦确定，就必须修满该类课程所规定的学分。夏季学期的成绩纳入学籍管理，达不到规定学分者，不能如期毕业。第二部分，设置实践性强的课程。利用夏季学期相对集中的学习时间，安排不易分散教学的实验课程与实习、组织学生进行社会实践，培养学生的实践能力。第三部分，安排学术专题与讲座。充分利用夏季学期聘请国内外专家、学者进行学术报告或专题讲座。第四部分，开展外语活动。加强外语的应用能力，为适应双语教学和日后就业的需要。除了以上课程，对于具有科研能力的学生，还可利用夏季学期集中参与教师的科学研究，以培养科研能力和创新能力。

夏季学期的师资安排。一方面，可合理安排校内资源。实行三学期制后，随着春、秋两学期的学时缩短，教师讲授课程的内容也相应地有所精简，也就减少了原有的课时。教师为保证完成规定的教学工作量，必将主动开设适应社会需要、学科发展需要和学生需要的新课程。另一方面，充分利用校外资源。聘请国内外知名学者来校讲座或开设短期课程，丰富课程内容，拓宽学生视野，同时，增加本校教师进行高层次学术交流的机会。

（四）构建高校教师培训体系

高校教师培训指我国各类高校进行的师资教育。通过培训教育提高师资水平，不仅能切实保证教师的教学质量，而且能保证培养学生的质量。随着教育改革的不断深化，虽然我国高校教师培训工作取得了重大进展，但在培训过程中仍然存在一些问题，阻碍了创新人才的培养。

教师培训过程中出现的问题表现在三个方面。第一，注重业务培训，忽视师德培养。无论学校组织培训，还是教师参加培训，功利性均较强，培训内容多倾向于为提升学历、评审职称、出国进修做准备，不够重视师德培养。即使高校进行师德培训，也只是短短几天的"教师职业道德修养"课堂讲授，不足以全面提高教师的职业道德修养和思想政治素质。第二，注重学历培训，忽视非学历培训。教师培训过于关注教师更高学历的获取，而忽略了教师综合素质的培养。第三，注重培训过程，缺乏培训考核。高校教师培训工作注重过程，对教师培训的整体绩效缺乏检查、监督、评估机制，难以达到教师培训的预期效果，影响教师教学水平和教学能力的提高。这些问题使教师培训失去了原本要提高教师思想素质、教学水平以及综合能力的意义，使创新人才的培养受到阻碍。

高校师资培训工作要坚持立足国内、在职为主、加强实践、形式多样、以中青年教师为主、以高层次培训为重点的原则，加强师德教育，提高教学和科研能力，推动学校发展。构建教师培训体系，包括培训对象、培训形式、培训内容、培训考核与评估以及培训经费等内容。

（五）协调教学与科研的关系

协调处于失衡状态的教学与科研之间的关系，就要明确学校的定位、调节教师的心态、建立公平而有效的评价机制以及促进教学与科研的相互转化。

1. 明确学校的定位

如果将大学分为研究型大学、教学研究型大学以及教学型大学三类，那么三类学校的侧重点肯定不同。研究型大学虽然较其他大学更多地从事与国家长远利益相关的基础科学研究以及国家重大科研项目的研究，但同样要重视教学，给教学效果良好的教师以应有的学术尊重。

2. 调节教师的心态

部分教师感到只专心教学既没有前途，又没有"钱"途，得不偿失，而专心科研则能名利双收。对此，学校应调节教师的不良心态，改变其急功近利的思想。一要从外部进行调节。学校要提高教师对教学的认可程度，与科研型教师相比，教学型教师也应获得相同的尊重和享有同等的地位，树立教学水平也是学术水平的观念，建立公平有效的评价标准等。二要从内部进行调节。高校教师应加强自身的道德修养，以正确的道德规范看待现实的利益关系，处理好教学和科研之间的利益矛盾，在工作中协调教学与科研的关系，使之平衡发展。

3. 建立公平而有效的评价机制

如果将教学水平视为学术水平中的一种，就必须有衡量教学水平和教学效果的科学方法。依据学校的办学特点，权衡教学与科研在教师评价中的比例，同时参考教师的教学工作量、教学水平与效果、创造性思维、和谐发展的人格，从教育价值、学术价值、社会价值各方面综合考虑，建立科学的评价指标体系。评价指标体系包括评价主体、评价方式、评价内容以及评价标准四个方面。

4. 促进教学与科研的相互转化

学校既不是企业也不是科研院所。因此，在大学里从事科研工作应该与培养学生联系起来，不能脱离教育学生这个"本"而从事科研活动。联系科研与学生的纽带就是科研与教学的相互转化。

科研成果对教学的转化可以通过以下方式体现：教授和学科带头人为本科生上课、举办讲座；教师上课不仅要传授已有的学科知识，而且应把最前沿的学科动态介绍给学生；教师将科研成果编进教材、带入课堂、带进本科教学实验室；教师采取研究型教学，加强师生互动，让学生主动参与获取知识的过程；吸收高年级本科生参与科研，培养其科学精神和创新能力；积极开展大学生课外科技活动，加强对学生的创造性实践与训练。教学向科研的转化则通过科研项目来源于教学的方式表现，即教师在教学和教学实验的过程中发现新的科研方向；在指导学生毕业设计、毕业论文或实践科目的过程中得到攻克难题的启示；研究新的教学方法满足教学改革的需求。诚如雅斯贝尔斯所说："只有自己从事研究的人才有东西教别人，而一般教书匠只能传授僵硬的东西。"大学教师，特别是高水平教师，要尽量多传授自己的"原创作品"，即科研成果，教师的科研成果越多，教学内容就越丰富。协调好教学与科研之间的关系，不仅有利于教师教学与科研水平的提高，而且有利于其创新人才思维能力、科研能力以及创造能力的培养。

二、高校教学管理体制创新的实验研究

面对急剧变革的社会对人才不断提出的高要求，高等教育面临着前所未有的挑战。高等院校从各方面进行日益广泛和深刻的变革，建立教学改革实验班（以下简称教改实验班）就是其中之一。

（一）教改实验班教学管理体制的创新

尽管各高校教改实验班在办班形式、培养模式、管理方式上有所不同，但

其培养目标却惊人地相似。各实验班的培养目标可综述为，培养拥有坚实基础、富有创新精神和实践能力、具有国际竞争力的高素质复合型人才。为了完成这一目标，各教改实验班在教学管理体制上进行了如下创新。

1. 教学管理思想创新

"十年制高等教育"是指将本科教育和研究生教育融为一体，在本科教育阶段仍然以基础教育为主，至研究生教育阶段再进行专业教育。"十年制高等教育"理念是一种新思想，但由于各高校的实际情况存在差异，该思想并不适用于所有教改实验班，具有一定的特殊性。

2. 教学管理方式创新

在教学管理方面，教改实验班有别于其他普通班级，采取了分段式教学管理，这种方式将整个教学计划分成基础教育和专业教育两个阶段。在基础教育阶段，即入学后的第一、第二年，学生不再像以往那样先分专业，而是按大类学习规定的课程，共同接受基础教育。在第三、第四年进行的专业教育阶段，实验班学生按所在专业的培养计划接受专业知识的教育，并可在学有余力的情况下，提前参与科学研究。

3. 教学管理制度创新

设有教改实验班的高校在这块"试验田"里完全实施学分制。以元培计划实验班为例，该班实行的是在教学计划和导师指导下以自由选课为基础的学分制。实验班学生在进校后第二年配备导师，导师根据学生的特点、特长和志向指导学生选专业、选课、制订个人学习计划，对学生从入学到毕业进行全程指导。在导师指导下，学生根据自己的情况安排 3～6 年的学习计划，少则三年即可毕业。若在四年内仍未完成本科阶段的学习任务，则四年后仍可继续修读，直至修满学分毕业。第二学年末或第三学年初，学习成绩合格者可以在学校教学资源允许的情况下自主选择专业。

4. 教学管理过程创新

教学管理过程创新包括加强基础淡化专业、聘用最优秀的教师以及培养科技创新能力三个方面。

首先，加强基础淡化专业。教改实验班按大类招生，不分专业，采用"加强基础、淡化专业、因材施教、分流培养"的办学方针，充分利用综合性大学学科齐全的优势和良好的教育资源，实践本科阶段低年级基础教育和高年级宽口径专业教育相结合的教育理念，突出基础、能力、素质三要素的全面培养。其次，聘用最优秀的教师。各高校的教改实验班为学生配备了全校最好的师资。最后，培养科技创新能力。建立教改实验班的高校为该班学生创造了参与学术活动和国际交流的机会，以培养他们的科技创新能力。

（二）教改实验班教学管理体制创新的启示

教改实验班在各高校是教学改革的"试验田"，承担着先行者的任务，学校对此又给予了各项优惠政策，因此，尽管它在教学管理体制上多有创新，并显现出其优势，但受限于学校的条件，短期内并不适宜在全校范围内推广。暂时不能推广并不等于否定了教改实验班的管理创新，恰恰相反，实验班的成功表明了我国高校教学管理体制今后需要努力的方向。

1. 改革教学管理制度

对于学生而言，教学管理制度需要进一步改革的内容是，在现行的学分制和学年学分制的基础上，实行更为自由的选课制、更利于学生学习的导师制以及按学分注册、缴费、毕业的学籍管理制度。对于教师而言，教学管理制度应在培养教师的创造性，营造有利于教师创造性发挥的宽松环境两方面继续努力。

更为自由的选课制是学分制的核心。学生在导师的指导下，对于选择专业、课程、授课教师和学习进程有较大的自主选择权。导师制要求在全校范围内选聘导师，副教授、教授均可为本科生担任学业导师。每学年对导师进行一次年度业绩考核，考核结果作为职称晋升、岗位聘任的基本条件。按学分收费将是全面实施学分制后的必然趋势。例如，新生第一学年不参加选课，就按照国家规定的标准收取培养费。第二年按所选学分注册，收费金额按目前学年制的收费标准折算的单位学分收费标准计算，依次类推。

在培养教师创造性方面，学校主要采取对教师进行职后继续教育的方式。随着科学发展的日益变化，教师的知识不可避免地要不断更新，否则就不能适应教学的需求。教学管理部门根据学校发展的总目标，针对学科设置的要求，制定教师培训的具体规划。规划的内容包括选拔培训人员的条件和方式、规定培训内容、培训方式、培训时间、培训经费及培训期间待遇等。

在营造创新环境方面，学校可以从物质环境和精神环境入手。创造物质环境就是加强硬件设施，为教师创造良好的工作环境，如建立设备先进齐全的科研实验室、教学研究室，加强多媒体教室的建设，加强校内信息网络、图书馆、科技资料室的建设，美化校园环境等。精神环境就是营造一种民主、公平、自由的氛围，如尊重教师的人格和生命价值，客观评价教师的教学科研工作业绩，重视教师的科研成果和劳动价值，容纳教师的不同学术观点等。

2. 改变教学管理模式

随着"以人为本、以生为先"教学管理思想的逐渐渗透，高校将加大改革步伐，使"以教师为中心"的教学管理模式向"以学生为中心"的管理模式转变。具体表现为两段式教学管理、参与学术研究以及加强对外交流。

第一，两段式教学管理。为了达到培养具有厚基础、强能力、高素质人才的培养目标，高校教学管理部门将按照"强化基础、淡化专业"的观念，实行以通识教育与专业教育有机结合为核心的两段式教学管理。对于两段式教学管理，不同学校采取的方式不同，一般分为"2+2"模式或"1+3"模式。

第二，参与学术研究。吸引学生参与学术研究的出发点在于充分利用本校的教学资源、师资队伍和科研实力，为学生提供科研训练平台，以利于培养学生的创新思维、创新精神和创新能力。学生参与学术研究可以通过三种形式进行。一是参与导师的课题研究，以获得导师的言传身教；二是参与学校的科研训练项目，以培养团队合作精神和实践能力；三是参与各种学术沙龙、学术报告会以及学术交流活动，以增进对该学科前沿的了解。

第三，加强对外交流。高校应努力扩大对外交流，使学生获得全新的体验，拓宽视野、增长知识、提升看问题的高度、为提高国际竞争力打下良好的基础。学校应积极拓展各种渠道，为本科生在校期间出国交流提供更多的机会，如校际、校企以及国际之间的交流。交流形式包括短期课程学习、短期培训、技术实践以及文化交流。

参考文献

[1] 崔金辉. 高校教育管理创新与发展研究 [M]. 天津：天津科学技术出版社，2023.

[2] 陈博，刘湘，张斌. 高校教育管理的方法研究 [M]. 长春：吉林出版集团股份有限公司，2022.

[3] 郝福锦. 大数据技术在高校教育管理中的应用研究 [M]. 北京：中国原子能出版社，2022.

[4] 王炳堃. 高校大学生管理教育与校园文化建设 [M]. 长春：吉林出版集团股份有限公司，2020.

[5] 王小红，张晨，张丹. 高校教育管理模式改革与创新实践研究 [M]. 北京：现代出版社，2021.

[6] 张亚军. 互联网时代高校教育管理模式创新发展研究 [M]. 青岛：中国海洋大学出版社，2023.

[7] 陈晔. 新时期高校教育管理实践研究 [M]. 北京：现代出版社，2020.

[8] 蔡万巧. "互联网 +"视域下的高校教育管理与研究 [M]. 北京：文化发展出版社，2024.

[9] 刘思延，张潍纤，郑莹. 高校教育教学管理实践与创新发展 [M]. 哈尔滨：哈尔滨出版社，2021.

[10] 张茂红，莫逊，李颖华. 高校教育管理与教学研究 [M]. 北京：台海出版社，2022.

[11] 汪一丁，梅沁芳，郭春龙 . 高校教育管理创新实践与艺术教育研究 [M]. 北京：中国原子能出版社，2023.

[12] 王洪法 . 新时期高校教育管理理论与实践研究 [M]. 北京：中国商务出版社，2023.

[13] 朱松华，张颖 . 高校师资队伍建设与教育质量管理创新 [M]. 长春：吉林出版集团股份有限公司，2022.

[14] 夏敏 . 高校教育管理研究与应用探索 [M]. 长春：吉林人民出版社，2023.

[15] 赵建平，马国亮 . 现代高校教育管理内容体系创新研究 [M]. 长春：吉林出版集团股份有限公司，2021.

[16] 单林波 . 高校教育管理体系构建研究 [M]. 北京：首都师范大学出版社，2022.

[17] 刘萍萍，何莹 . 现代高校教育教学管理现状与创新发展 [M]. 北京：中国原子能出版社，2021.

[18] 郤昆才，任洪艳，李婷 . 现代高校教育管理模式的创新研究 [M]. 长春：吉林出版集团股份有限公司，2023.

[19] 洪剑锋，屈先蓉，杨芳 . 互联网时代下高校教育管理与评价创新 [M]. 延吉：延边大学出版社，2022.

[20] 郭晓雯 . 高校教育教学管理创新发展研究 [M].2 版 . 北京：北京工业大学出版社，2021.

[21] 刘苗，赵其勉，杨蓓 . 大数据时代高校学生教育管理工作的创新研究 [M]. 长春：吉林出版集团股份有限公司，2022.